1日目から幸運が降りそそぐ プリンセスハートレッスン

恒吉彩矢子

JN266686

講談社+α文庫

はじめに

「プリンセスのように、幸せになりたい！」

それは、女子が願う永遠のテーマではないでしょうか。

けれど、朝はどんなに眠くても起きなきゃいけないし、イヤなこともやらなきゃいけないいし、自由にできる時間もお金も少ないし……。

そう思うと、「なかなかなれない！」と悲しくなってしまうかもしれません。

けれど、実は「幸せを引き寄せることって、とーってもカンタン！」だと知っていますか？

「うそ！　もしそうだったら、今悩んでいないし、この本を手に取ったりしてないよ～！」と思うかもしれません。

イヤなこと、うまくいかないこと、ストレスでいっぱいの毎日……。プリンセスどころか、幸せになることすら、できるわけがない！　と思いますよね。

ところが！　これから先、自分に起こるすべてのことが、「幸せのシャワー」となって降りそそいでいるのを実感できる「ハッピープリンセス」になることができるのです！

「信じられない……」と思うかもしれませんが、ちゃんと方法があるのです。

そしてその方法を知れば、仕事も恋愛も人間関係もお金も、すべてのことが、驚くように幸せに進むようになります。

しかも、プリンセスのように扱われる人になる、オマケまでついてくるんですよ！

この本は、２００６年に出版された『ツキに愛されるハッピー・プログラム』を文庫版とするために改題・改稿して、さらにパワーアップさせたものです。

私はセラピストとして、日々、心や体の不調に悩むたくさんの方々にアドバイスをさせていただいています。その中でも、とくに効果があったことを凝縮して、物語として楽しめるようにしてみました。

なかなか幸せになれない幸子《さちこ》さんと一緒に、2週間、「プリンセスハート・アカデミー」の先生のレクチャーとワーク、簡単な宿題を試してみてください。

1日分ずつ進んでもいいですし、全部読んでから、1日ずつワークをやってみるのもいいですね。繰り返し読んだり、気に入ったところだけを何度もやって、体に染み込ませても効果大ですよ。

幸子さんと一緒に、「えー？」とか「そうかも……」とか「ホントだ！」と楽しんでいるうちに、あなた自身も、「ハッピープリンセス」になっているのに気づくことでしょう。


幸せは、自分自身の、ほんの小さな一歩から始まります。

今までしていなかった小さなアクションをやってみることで、ビリヤードの玉がほかの玉を転がしていくように、ドミノが小さな動きから大きな動きになって、思いもしないようなさまざまな模様を描くように、あなたの毎日も変わっていくのです！

やってみればやってみただけ、すべてのことが、あなたをより幸せにするために、キラキラキラキラキラと降りそそいで、あなたを応援し、包んでくれるのを感じられるでしょう。

「これから先の人生は、**ハッピープリンセスになる！**」

もし、あなたがそう決めたなら、ぜひこの先を進んでみてください。

そして、一生降りそそぐ幸せを実感してみてください。

さあ、あなた自身の手で、幸せへの扉を開けましょう！

2012年1月

恒吉彩矢子

1日目から幸運が降りそそぐ
プリンセスハートレッスン

目次

はじめに……3
ハッピープリンセスの約束14ヵ条……14

プロローグ　「プリンセスハート・アカデミーへ、ようこそ！」……16

第1日　幸せってなんでしょう？

「幸せなプリンセスになる！」と決めます……26
願いの3つの落とし穴……29
幸せのカタチはそれぞれ違う……33
書き出すだけで現実が変わり始める……35

第2日 幸福のお城に入る小さな呪文
1秒で幸せになる方法……40
もっと幸せになる方法……43
悪魔のささやき……45
毎日、願いに近づいていく……49
第3日 幸せが集まる言葉
世界は自分の鏡なのです……55
共鳴引力の法則……56
言い方を変えるだけ……58
人をけなすと自分がへこむわけ……63
プラスな言葉を習慣にしましょう……67
第4日 ハッピープリンセスの見た目
「私はプリンセス！」という姿勢……72

「笑い」がステキな友を引き寄せる……76
キレイとナイスバディの食べ方の秘訣……78
体をゆるめると心も柔らかに……82

第5日 試練は「なりたい自分」になるため

なんで私は生きているのかな？……89
彼氏を友達にとられたら……93

第6日 最高のプレゼント

「頼まれごと」は大きなチャンス……103
「不満」はどうして生まれるのか？……105
イイコトをすれば、もっとイイコトが！……107
許すことは、与えること……110
はめた数だけ世界が変わります……111

第7日 仕事の場で幸福の種をまく
仕事をしなきゃ、もったいない！……116
その仕事はあなたに合っていますか？……118
周りの見る目が変わってくる……122
才能をプレゼントするのが仕事……124

第8日 才能をもっと使いましょう
自分だけの才能を生かすには？……131
機嫌よくやると結果はもっとよくなる……136
動かないと、もったいない……141

第9日 人が与えてくれるもの
イヤな相手は「マイナスの恩人」……147
世界は大きな洗面器の中の水……151

百パーセント好かれるのは無理……153
イライラを手放す方法……155
人と人の間で成長するから「人間」……160

第10日 不満こそ、幸せへのチャンス！

不満を感じる時というのは……165
自分があげる側に……166
問題は必ず乗り越えられます……170

第11日 人生損をすることなんてないのです

損はすればするほどいい？……180
ラクできて、トクしちゃったら……184
プリンセスらしいお金の使い方……185

第12日 「今」を生きましょう
過去にとらわれていませんか？……194
「楽しい」チャンネルに合わせるには……200
「カーナビ人生」のススメ……201
「忘れる」ことで未来がハッピーに……203

第13日 シンデレラの法則
種は1日では芽を出さないもの……210
小さな成果を思いっきり味わいましょう……215
タダで5年寿命が延びる方法……216
自分の受けた恵みを周りにも分ける人……218
自分をいつも可愛がりましょう！……220

第14日 幸せになるために生まれてきた
喜び喜ばれる人生に……227

毎朝唱える強力なおまじない……229
自分をほめて、恋してほしい！……231
自分の幸せは、世界の幸せにつながります……234

エピローグ……239

付録

スペシャルレッスン……243

ハッピープリンセスの約束14ヵ条

1 「幸せなプリンセスになる」と決める
2 「動くこと」が未来を変えると知る
3 「ハッピープリンセスになる言葉」を使う
4 「ハッピープリンセスになる姿勢」をする
5 自分の応援団を知っている
6 「求める」かわりに「あげる」のが好き

7 自分の才能をプレゼントするのが好き
8 自分を上手に生かす
9 苦手な人も上手に許せる
10 不満を「幸せの種」にできる
11 「損」を「徳」に変えることができる
12 「過去」にこだわらず「今」を生きる
13 自分を可愛がる
14 自分が幸せであることが「世界の幸せ」にもつながると知っている

プロローグ「プリンセスハート・アカデミーへ、ようこそ！」

幸子《さちこ》さんは、ドキドキしながらドアを開けました。

ここは「プリンセスハート・アカデミー」。２週間でハッピーなプリンセスになれると教えてもらったところです。


幸子さん、自慢じゃないですが、彼氏はいない。仕事もつまらない。貯金もない。同僚は感じ悪いし、肩はこるし、顔もくすんで見えるし、面白いことなんてなにもない。


「幸せになりた――――い！」

と叫んでも、幸せなのは名前だけ……。そんなふうに思っているのです。

「私の一生、ずっとこんななのかなぁ……」

そうぼやいていた幸子さんなのですが、会社で不思議なことが起こりました。

それは、後輩の朋美さんの変化です。

隣の部署で2期後輩の朋美さんとは、洗面所などで会うと、世間話や仕事のグチなどを言いあう仲です。

その朋美さんが、ここ1ヵ月くらいで、みるみるキレイになったのです。

最初は「気のせいかな？」と思っていたのですが、声のトーンも明るくなり、笑顔も素敵になり、なんだかキラキラとしたオーラまで放つようになってきました。

それだけでなく、いろいろな人から声をかけられ、プリンセスのように扱われるようにもなっています。

「朋ちゃん、何かいいことあったの？　彼氏できた？」

昼食後に洗面所で化粧直しをしながら、「きっとオトコができたからだ！」と、やっかみ100％で訊いたのですが、朋美さんはニコニコ笑って首を振るのです。

「違うんですよ。実は、プライベートスクールみたいなところに通って、勉強というか、ワークみたいなことをやったんです。そうしたら毎日が楽しくなって、そのせいかみんなに、『変わったね』って言われるんですけど、彼氏はまだですよ！」

そう言うのも嫌みがなく、笑顔も明るくて、凛《りん》とした気品すら感じられます。

うらやましくなった幸子さんが、

「そのプライベートスクールって、何を教えてくれるの？」

と思わず訊くと、朋美さんがいたずらっぽい表情になりました。

「実は、『**プリンセスになる方法**』を教えてくれるところなんですよ！」

「えー？　プリンセスって、あの、プリンセス??」

「そうですよ。でも、マナー教室とか花嫁修業とかではなくて、『**プリンセスハート**』……**プリンセスのような心をもつにはどうすればいいか**、ということを教えてくれるんです。講師の先生は、スイスのフィニッシングスクールで、世界のセレブのお嬢さま方にセレブの心得を教えていたんですが、これからは日本の女性をということで、日本に戻ってこられて、今は自宅で個人レッスンをされているんです。私のイトコの家がその隣なので、教えてもらったんですよ」

世界のセレブ。ダイアナ妃やキャサリン妃……。自分には縁がなさそうな世界です。

とまどう幸子さんに、朋美さんはまた笑顔です。

「私も、初めは背伸びしすぎかな、って思っていたんですが、『**プリンセスになる心得**』って、『**毎日を幸せに過ごす心得**』と同じなんですよね。ワークも面白くて、最初の1日目から、自分が変わるのを感じられたし、周りの人もすごく優しく接してくれるように変わってきたんです」

それは幸子さんも気づいていました。

「よかったら、幸子さんも行ってみませんか？　2週間でプリンセスになれちゃうんですよ！」

教えてもらったサイトを見て予約を取り、今日初めて幸子さんは、会社帰りに「プリンセスハート・アカデミー」を訪れることになったのです。

1日目から幸運が降りそそぐ

プリンセス
ハートレッスン

第1日

幸せってなんでしょう?

1st lesson

「プリンセスハート・アカデミー」と書かれた、しゃれたプレートのある一軒家の玄関で、髪の長い女性が、ニッコリと微笑んで迎えてくれました。

年齢は40歳前後でしょうか。背筋がスッと伸びて、立ち居振る舞いがきれいです。すごい経歴があるはずなのに、威圧感がまるでなく、包み込むような温かな雰囲気がある、素敵な女性です。

落ち着いたコーディネートのくつろげる一室に通されて、お茶をいただくころには、緊張していた幸子さんの心もだんだんほぐれてきました。

「ようこそいらっしゃいませ。今日から、どうぞよろしくお願いしますね」

「は、はい。でも、『プリンセスになる』って、具体的には何をやるんですか？」

「そうね、まず幸子さんは、プリンセスってどういう人だと思う？」

「ええと、王さまの娘とか、王子さまと結婚した人のことですよね。そういう人だから、お金があって、キレイな格好をしていて、周りの人から尊敬されて、大事にされて、いつも幸せそうな笑顔でいて、美人で……なんだか、私と真逆です」

だんだん、声が小さくなってしまいました。先生が微笑みます。

「そんなことないんですよ。私はさまざまなお金持ちのお嬢さま方を見てきましたが、お金があるから幸せ、とも限らないんです。お金のせいで不幸になった人の話も聞いたことがあるでしょう？　私は、『プリンセスの自覚をもって、自分らしく幸せでいる人』というのが、『プリンセスハートのもち主』、ハッピープリンセスだと思っています。そしてこの心さえもっていれば、幸子さんが望んでいることも自然と起こるようになるんですよ」

そう言われると、ちょっとほっとします。「セレブみたいな服を買いなさい」とか「お金持ちの男性を見つけなさい」と言われたら難しいですが、「心もち」だったら、すぐにでもできそうだからです。

「幸子さんは、どんな自分になりたいの？」

「ええと、そうですね。素敵な彼氏がいて、もっと自由になるお金があって、やりがいのある仕事をやって、イヤなことが起こらなくて、楽しいことがたくさんある毎日を過ごせる自分だったらうれしいですね。幸せなことなんて全然ないんで……」

それを聞いて、先生が首をかしげました。

「本当に、幸せなことなんてない？」

「本当ですよ」

「幸せなプリンセスになりたい？」

「もちろんです！」

「では、本当にそうなのか、確かめてみましょうか。一番最初の『プリンセスハート』は、**『幸せなプリンセスになる』と決めること**ですよ！」

「幸せなプリンセスになる！」と決めます

いいですか？　実は、幸せなプリンセスになるのは、すっごくカンタンなんです。

なのに、ほとんどの人が、難しいと思っているんですよね、もったいない！

まず覚えておいてほしいことがあるのですが、それは**「この世界や宇宙にはいくつか法則がある」**ということです。だから、それをうまく利用すると、願いも叶うし、どんどん幸せにもなれるんです。

これからやっていただくことは、それの使いこなし方です。だから、それをマスターすれば、人生すべてがすばらしい波に乗れるのですよ。

では、さっそく、1つ目の法則をお教えしましょうね。それは……。

●法則「世界は、自分の思うとおりになる」

——ウソーっ!?

あら。ウソーって言いましたね。

でも、今日その服を選んだのも、今この場所にいるのも、みんな自分が思って、そうなるように行動したからじゃないですか？

別の服を着たり、別の場所にいることもできたのに、自分で選んだ服を着て、自分の決めたとおりに、ここにやってきた……。

それは、「自分が思った」から。でしょう？

——そ、そういえば……。

まず、**「思うこと」**。**「決意すること」**。これが大切なんです。

「私は、幸せなプリンセスになります」と、言ってみてください。

さ、大きな声で。ご一緒に！

――私は、幸せなプリンセスになります！

よく言えました！　これであなたの「ハッピープリンセス」の扉が開きましたよ。

では、次に、今日の2つ目の法則を教えましょうね。それは……。

●法則「『原因』があって『結果』が起きる」

レストランに行って、何も言わなかったら何も出てきませんよね。「カレーライスください」と注文したという「原因」があるから、カレーが出てくる、という「結果」が起こるわけでしょう？

世界で起きるすべてのことは「原因」があるから「結果」が起きるんです。

世界はエネルギーでできています。そしてそれはバランスをとって、一定の状態を保っているのです。

「原因」を投げかけるとエネルギーが動いて、「結果」でバランスをとろうとします。だから、「幸せなプリンセスになりたい」という「原因」のエネルギーを投げかけると、宇宙のバランスが乱れるから、その乱れを正常に戻そうとして、「幸せなプリンセスになる」という「結果」によってバランスをとるのです。

だから、**明確に「幸せなプリンセスになる」と言葉で指定することが大切**なのです。

「カレー」と言わなかったら、いつまでたってもカレーは来ませんよね。でも、カレーを注文すれば、カレーが出てくる。それと同じように、願いを明確に指定すれば、そしてそれがその人に必要なものなら、ちゃんとやってくるのです。

世界は、注文し放題のレストランだと思ってください。

願いの3つの落とし穴

あなたはここ10年くらいで、トイレに間に合わなかったことはないですよね。飢え死にしたこともないですよね？

「トイレに行きたい」

「ご飯を食べたい」

その願いはちゃんと叶っているでしょう？

——確かにそうですけど、でも……、お給料が増えてほしいのに、増えないとか……。

思いどおりにならないこともある？　そうですね、思ったのに叶わないこともあります。それには理由があるんですよ。

一つは、**「どうせダメ」と心の底で思っているから**です。

宇宙はエネルギーです。

「お給料増えて！」という「原因」を放てば、エネルギーは動きます。けれど、同時に「どうせダメ！」というエネルギーも放っていたら、手近なそのエネルギーでバランスをとってしまうので、「どうせダメ！」が「結果」になってしまうのです。

「カレー！」と注文しても、カレールーがその場になかったら、とりあえず材料のあるチャーハンがかわりに出てくる、みたいな感じでしょうか。

どうですか？　願いが叶わなかったことというのは、最初から諦めていたりしませんでしたか？

――うーん、そういえば……。そういうこともあります……。

もう一つの理由は、**「人まねの願い」**だからです。

本心からの願いでなく、他の人もそうだからとか、ちょっとうらやましいな、くらいの願いの場合です。

「彼氏が欲しい！　でもできない」という場合がありますよね。

――うん、うん。

……うなずいてますねぇ（笑）。

でも、よーく本心をのぞいてみてください。

あなたは、本当に彼氏が欲しいですか？

もし、「彼氏がいないとカッコ悪いから」という見栄や、「彼氏がいると、休みの日にどこかに連れて行ってもらえるから」という損得などで欲しいだけだったりしませんか？

見栄や損得といった下心があると、叶わないことが多いんですよ。

なぜなら、見栄や損得で引き寄せたことは、あとでとてもガッカリする結果になることが多いので、叶わなかったほうがかえっていいこともあるからです。

また、心の底で、本当は、「一人のほうが、自分の時間が使えるし、わずらわしくなくていい」と思っていたりすると、ちゃんとそれが叶っているのです！

最後の理由は、**叶わなかったほうが自分のためにいいから**です。

「あんなに入りたかった学校なのに、なんで受からなかったんだろう」とか、「あんなに好きだったのに、どうしてうまくいかなかったんだろう」とか、願って決意して努力もしたのに、叶わなかったこと、ということもありますよね。

「絶対こうなる」と、疑いもせず、「本心から決意した」にもかかわらず、うまくいかなかったことというのは、それをバネにして成長するため、叶わなかったほうが自分のためによかったことなのです。

うまくいきすぎると傲慢《ごうまん》になったり、人の痛みが分からなくなったりしませんか？　そうならないために、自分のふかーいところで、そういう経験をしたいと願っていたから、そういう結果になったのです。

――な、なるほど……。

幸せのカタチはそれぞれ違う

ここでお教えする「プリンセスハート」とは、いつも幸せな気分でいられる「ハッピープリンセス」になるためのものです。

でも**「幸せのカタチ」は人それぞれ違う**のですね。

ある人は、彼氏やパートナーのいない人生なんて考えられないと思うでしょうが、別の人は、自分の時間を大切にしたいと思います。

フルコースのディナーをご馳走してもらわないと満足できない人もいますが、100円のアイスや肉まんで大満足の人もいるんですよね。あなたは、どんなことをしている時が幸せですか？

ここでちょっとしたワークをしてみましょう。

Work

自分がいい気分な時、喜びを感じる時、幸せな時はどんな時ですか？小さなことでも大きなことでも、なんでもいいですから、ありったけ書き出してみてください。

……なるほど、幸子さんは、「おフロに入っている時」も幸せなんですね。さっき、「幸せなことなんてない！」って言ってましたが、毎日幸せなひと時はあるんじゃないですか？

——あ、そういえば……！

「旅行に行く」のも幸せなんですね。行かなくてもパンフレットを見るだけでも満足したりしませんか？

——けっこうします。ワクワクします！

自分が幸せになることを改めて見なおしてみると、意外に日常生活でもできることもいろいろあるでしょう？

ぜひ、自分の「幸せのツボ」を再確認してみてください。

いつも自分を「幸せな気分」にさせているのが「ハッピープリンセス」なのです！

書き出すだけで現実が変わり始める

自分の「幸せのツボ」を知って、さらに「明確に求めたものは思ったとおりになる」という法則も知ったところで、**自分が求める幸せなプリンセスのカタチを、目に見える形で表してみましょう。**

どういうことかというと、「こういうプリンセスになる」ということを、文字にしてみたり、イメージの切り抜きなどを紙やコルクボードに張る「宝地図」を作ってみるのです。

「自分が求める幸せなプリンセス像」を言葉で発したり、形に表してみると、頭でイメージしているだけより、もっともっとパワフルなエネルギーとなって、実現という「結果」に向かって動き出すのです。

では、今日の宿題です。

宿題　「自分の求める幸せなプリンセス像」を、文字や絵などで表してみてください！

とりあえずは、箇条書きでもかまいません。

明日はそれを持って、また同じ時間に来てくださいね。

初日、お疲れ様でした！

＊

幸子さんは、上気したような不思議な感覚でアカデミーをあとにしました。

自分の周りはつまらないことばっかりだったような気がしていましたが、実は自分で最初から「どうせダメだろうな」と思っていたことに気づいたのです。

また、自分には幸せのツボがけっこうたくさんあることにも気づきました。

そして、「世界は思うとおりになる」……って、ホント？

あっ、疑うと、そのエネルギーが結果になっちゃうんだっけ。

そう考えると、自分がすぐに「どうせダメ」と諦め、疑う気持ちでいっぱいだったことを思い知らされます。

「だから、そう思ったとおりの世界になっていたのかな……」

だとしたら、宿題は、ちょっと気合を入れなければいけません。

「どうせダメ」でなく、「人まね」でなく、「見栄や損得」でなく、本当に自分がなりたい姿……。

それをちゃんと形にしてエネルギーを投げかけたら、その「原因」がどういう「結果」になるか……。

だんだんワクワクしてきました。

その時、携帯にメールが着信しました。朋美さんからです。

『幸子さん、初日どうでしたか？　楽しかったですか？』

『すっごい楽しい！　私も、幸せなプリンセスになるね！』

こうして幸子さんは、「ハッピープリンセス」へのステップを一つ踏み出したのです！

処方箋

第1日

〈法則〉

世界は、自分の思うとおりになる

〈法則〉

「原因」があって「結果」が起きる

《 魔法の言葉 》

「私は、幸せなプリンセスになります！」

《 1日目の宿題 》

「自分の求める幸せなプリンセス像」
を、文字や絵などで表してみよう

第2日

幸福のお城に入る小さな呪文

2nd lesson

幸子さんはワクワクしながら、「プリンセスハート・アカデミー」のチャイムを押しました。

昨日初めて押す時はドキドキでしたが、1日目を終えて「幸せなプリンセスになる！」と決めたからには、次はどんなステップを上るのかと考えるだけで、楽しみでたまりません。

ドアが開くと、先生がまたニッコリと微笑んで迎えてくれました。

「昨日はよく眠れましたか？」

「はい！」

「笑顔も明るくなって、だんだんプリンセスオーラが出てきましたよ。では、さっそく2日目のレクチャーを始めましょうか。今日学ぶプリンセスハートは、**動いて、未来を変える**です！」

1秒で幸せになる方法

「ハッピープリンセス」になるためには、まず幸せでなければなりません。では、

「幸せになりたい！」

という願いを1秒で叶えてくれる魔法使いがいたら、そうしてほしいですか？

――それはもちろん……。

では、今日は特別にその願いを叶える、魔法の呪文を唱えてあげましょう。

いいですか？　それは……


「今の自分で満足！」


どうですか？　幸せになれましたね？

……え？　全然変わらない？

――だって、今の自分に満足でないから幸せじゃないんですから！

幸子さん、怒らないでください。これは、本当に魔法の呪文なんですよ。

不満というのは、理想と現実の落差で生まれるものなのです。

だから、「今あるもので満足」。そう思えれば、不満は生まれないんです。

でも、そんなに今の自分に不満ですか？

考えてみてください。あなたがこうして話せるということは、口がきけるということですね。ここまで歩いてこられたのは足が動くということです。アカデミーに来るお金もあるということですよね。

体を自由に動かせて、夜は屋根のあるところで眠り、一日のうちに何度か食事もしました。服も着ています。

でも、実はそれをすべてできるのは、世界人口70億人の中では、ほんのわずかな人に過ぎないのです。

そう思うと、私たちは、今こうしているだけで、信じられないほど幸運！って思いませんか？

——そ、そう言われればそうですけど。でも……。

……でも、「確かにそれは恵まれているかもしれない」とは思っても、目の前にはたくさんのストレスの原因があって、欲しいものがあっても手に入らない、という現実があるんでしょう？　それはやっぱり、不幸ですよね。

——うん、うん！

「1秒で幸せになる」。それは「今の自分に満足すること」です。

でも、「もっと幸せになる」には方法があるのです。

もっと幸せになる方法

もっと幸せになる方法を教えますね。

それは……、**「動くこと」**です。

もし、自分の人生をもっと豊かにしたい。変化を起こしたい。

そう思ったら、**人生は「掛け算」**になります。

昨日の自分に1をかけても、1×1＝1で、今日の自分は変化がありません。

けれど、昨日の自分にプラスαの1・01をかけたら、今日の自分は1じゃなくて1・01。昨日の自分にプラスαされたものになるのです。

もし、「生活に彩りをもたせたい」と願うとします。でも願っただけで、何もしなければ、昨日の自分に1をかけただけですから、何も変わりません。

けれど、「花の種を買う」というプラスαの「動くこと」をすれば、今日の自分は1・01になります。そして、「種を植える」というプラスαをすれば、1・0

1×1・01＝1・0201になるのです。さらに「水をあげる」というプラスαをすれば1・0201×1・01＝1・030301に。それを1年続ければ、なんと37倍以上になります。

このように、プラスαをし続ければ、種はいつしか芽ぶき、茎を伸ばし葉を広げ、キレイな花を咲かせてくれて、生活に彩りを添えてくれます。

さらにその花は、自分だけでなく他の人を喜ばせたり、おいしい実や種を分けてあげられたり……。そんな思いもかけなかったようなことまで起こすことができるんですよ。

それはすべて、毎日のほんのわずかな、プラス0・01の「動くこと」をしただけに過ぎません。

プリンセスの道も同じです。たったそれだけのことでも、**すべてのことは、その「小さなコト」の積み重ねから始まる**のです。

「トイレに行きたい！」そう願ってもトイレは近づいてきませんよね。トイレの方向を向いて、一歩一歩進むことで、トイレに行けるのです。

「棚からぼたもち」という言葉がありますが、少なくとも棚の下までは行かないと、ぼたもちをキャッチすることはできないのです！

――そういえばそうですね！

悪魔のささやき

行動すれば、願いに近づく、幸せなプリンセスに近づく……。けれど、それを妨げる、悪魔のささやきがあります。

それは、**「お金がもったいない」「面倒くさい」**です。

「ここに出かけたら、いいご縁があるかもしれないな」と思う時があります。

でも、ちょっと会費が高くて「お金がもったいないな」とか、雨が降っていたりして「面倒くさいな」、そういう気持ちが頭をもたげてきたら……、要注意です。

「行きたい気がしていたけど、面倒な気がしてきちゃった」というのは、「行かないほうがいい」という「直感」ではなく、**「ものぐさの誘惑」**なんですね。最初に「行きたい」と思った気持ちを優先させるといいのです。

そして、「出向いたからには、イイコトがあるぞ」と思えば、そういうイイコトがちゃんと引き寄せられてきます。だから、そんな時はこう言ってみましょう。

「やってみよう！」

昨日の法則を覚えていますか？

「『原因』があって『結果』が起きる」

動かないで部屋でじっとしていたら、「原因」がないのですから「結果」が起きるわけはないですよね？

ただ、もしその集まりが、「行くと儲《もう》け話がある」とか「行っておくとハクがつく」というような、**「損得と見栄」**で行こうとしているなら、思ったものを得られないことも多いでしょう。

なぜなら「損得や見栄」というのは「心《ハート》」からではなく、「頭」で判断したことだからです。

「人の間」と書いて、「人間」と読みます。人は、人の間で、人と関わってこそ、幸せが大きくなっていくのです。

人生はビリヤードの玉のようなもので、自分が動いて他の人に接したら、そこで何かが生まれます。それだけではありません。ビリヤードの玉のように、自分が直接触れなくても、自分に当たって動いた玉が別の玉に当たって、スポンとポケットに入ることがあるように、自分が動いたことがきっかけで、自分が知らないところでも世界が動いていくのです。

迷う、ということは、やりたい気持ちがあるから。

「やってみよう！」と動いてしまいましょう！

さて、昨日の宿題はやりましたか？「自分の求める幸せなプリンセス像」を、文字や絵などで表してみてください！ということでした。

なるほど。「素敵なパートナーがいる」「自由になるお金がたくさんある」「年に何回か海外旅行に行く」……。いろいろありますね。その中で、一番どれが大きいですか？

――素敵なパートナー！

うんうん、いいですね。では、今日のワークと宿題を始めましょう。

Work

宿題

「理想のプリンセス」になるために、何をやればいいですか？
&今日からできるプラスαを３つ以上書いてみてください。
そして、それを１つずつ、今日からやってみましょう！

では、幸子さんのを見てみましょう。

「もっとおしゃれに気を使う」「異業種交流会などに出てみる」「女を磨く」「もっと優しくなる」「恋愛映画を見て気持ちを盛り上げる」……。

最後のほうはけっこうムリヤリ考えた感じですね（笑）。

いいんですよ。一番気にしているのは、「もっとおしゃれをしたほうがいい」ということなんです。自分の見た目に、ちょっと自信がないんですね。

――あ、ばれちゃいました？　もっとかわいくしているべきかなって思いながら、つい「面倒くさい」って思っちゃって……、何もしていなかったんです。

じゃ、幸子さんは、今日から具体的にどう動きますか？

――髪形……、変えてみようかな？

すばらしい！

毎日、願いに近づいていく

昨日、「世界は、自分の思うとおりになる」という法則を紹介しましたね。

これは本当です。でも、ほんの小さな動きが少しずつ変化をもたらし、やがてキレイな花を咲かせて生活を彩ってくれるように、**何ごとも一瞬でガラッと変わったり、「一足飛び」なんてない**のです。

たとえば、カラオケ好きの人が「大勢の前で歌を歌いたい！」と願ったとします。

そうしたら1分後、神さまから「ハイ、あと1時間後に、東京ドームいっぱいの5万人のお客さまの前で10曲披露する機会を作りましたよ。願いが叶ってうれしいでしょう！」と言われたらどうなるでしょうか？

おそらく、「願いが叶った！」と喜ぶよりも、「どうしよう……」と足がすくむんじゃないでしょうか？

――確かに……。

何の準備もできていないのに、ポンと願いが叶っても、私たちの足はすくんでしまうもの。それが分かっているので、すぐには叶えられないようになっているんです。

だから、いつか5万人の前で歌うために、毎日少しずつ「足慣らし」をすること。そして、そのプロセスで、いろいろな思いを味わうことが大切なんですよ。

そうして、自分に実力が備わってくると、チャンスが向こうからやってきて、自分も、「怖いけどやれるかも！」と思えるくらいになっていて、「世界は自分の思うようになっている」と気づくんです。

今日からできるわずかなことを、細く長く諦めず。

それを毎日、少しずつワクワクしながらやってみてください。

そうしていると、いつの間にか自分が、自分が求める幸せなプリンセスに近づいていることに気がつくはずですよ！

※

アカデミーを出た幸子さんは、深いため息をつきました。

確かに、「幸せになりたい！」「ああなりたい、こうなりたい！」と思ってはいたものの、文句や泣きごとを言うだけで、実際には何もしていなかったのです。

でも、考えてみれば、自分が漢字を書けるようになったのも、子どものころに、いやいやながらも漢字の練習をしていたから。

「やればできるかもしれない。でも、やらなければ絶対にできない」

そんな単純なことも忘れていたのです。

「よーし、動くぞ！」。

帰宅途中に本屋に寄って、さっそくヘア・メイクの雑誌を買いました。

そして、「雑誌を買えるお金も、ちゃんとあるんだっけ」と、今の自分はたくさんのものを持っていると、再発見もできた幸子さんです。

処方箋

第2日

・動くこと
・悪魔のささやき…「お金がもったいない」
「面倒くさい」
・何ごとも「一足飛び」なんてない

魔法の言葉

「今の自分で満足！」

「やってみよう！」

2日目の宿題

「理想のプリンセス」になるために、今日からできることを考えて、1つずつやってみよう！

第3日

幸せが集まる言葉

3rd lesson

「幸子さん、いらっしゃい。あら、ステキね！」

先生が明るい声を上げました。

理想のプリンセスになるために、「ステキなパートナーがいる」という願いの第一歩、「もっとおしゃれに気を使う」ということで、昨日買ったヘア・メイクの雑誌を読んで、髪を少し巻いてみた幸子さん。

「面倒くさい」と思ったものの、「それはものぐさの誘惑。動くこと！」と、15分早起きしてやってみたら、朋美さんにも好評で、さらに、ちょっと気になる企画部の南條さんにも「髪形変えた？　似合うよ」と言われたのです。朝から顔がゆるみっぱなしです。

「先生、ほんの小さな気持ちの変化と、ほんの15分で、こんなに自分が変わるなんて驚きますね！」

先生がニッコリします。

「そうよ。そして、もっと幸せになるために、今日はプリンセスハートのもち主の**「ハッピープリンセスになる言葉」**を身につけましょう。まずは、鏡を使いますよ！」

世界は自分の鏡なのです

鏡を見てください。

あなたの顔が映っていますね。ニッコリした顔をしていれば、ニッコリした顔が映るし、ブスーッとした顔をしていればブスーッとした顔が映ります。

実は、**自分を取り巻く世界も鏡と同じ**なのです。

自分の気分がいい時というのは、世界が輝いて見えますよね。でも気持ちが沈んでいる時は、何もかもイヤに感じてしまいませんか？

「なんだか、自分に接する人がみんな感じが悪いの」と思う時というのは、知らず知らずのうちに自分もムスッとしていたりするのです。

——でも、周りの感じが悪いから、自分もついついそういう顔になっちゃう時もありますよ〜！

あら、そう思いますか？　では、鏡に映った顔が世界だとしたら、その顔を笑わせたかったら、どうしたらいいでしょう。映る顔が笑うまで、じーっと待っていたら、おそらく日が暮れてもそのままです。

でも、あなたが先に笑えばどうでしょう？　鏡の顔は輝くような笑顔をすぐに見せてくれませんか？

――確かにそうですけど、でも鏡だからじゃないですか……？

いいえ。世界も自分の鏡なんですよ。だから、**自分がニコニコしていたら、だんだんニコニコしている人がやってくる**ようになるのです。

共鳴引力の法則

「波動」という言葉を聞いたことはありませんか？

物質というのは、人体も含めてすべて、原子という小さな要素の集合体で、その原子は、原子核の周りに電子が回転してできています。

実は、「目に見えるもの」というのは、目に見えないたくさんの動きによってできているのです。動きはエネルギーになります。その動きは波動を生み出します。

居心地のいい場所と悪い場所、というのを感じたことがあるでしょう。

居心地のいい場所は、自分の波動に合っているところ。悪いのは、合っていないところです。居心地のいいところにはずっといたいと思いますが、悪いところには、長くいられませんよね。

波動には法則があって、同じものを引き寄せるのです。

それを、**「共鳴引力の法則」**と言います。

イヤなことがあって、イライラすることはありませんか？

そんな時って、さらにイライラすることが起こったりしませんか？

——あります！　泣きっ面に蜂というか……。

それは、自分のイライラ波動が周りに伝わって、イライラするものを引き寄せてしまうからです。それだけじゃないですよ、周りをイライラに伝染させているんです。だから逆に……、**イイコトを考えると、イイコトが寄ってくるのです。**

あなたの思いが周りを幸せに変化させるのです。

ですから、いつも自分からハッピープリンセスオーラを発していると、幸せが向こうからやってくるんですよ！

言い方を変えるだけ

――じゃあ、自分からハッピープリンセスオーラを発するにはどうしたらいいんですか？

一番簡単な方法は、**「言葉を変えること」**です。

自分が知らず知らずのうちに使っている言葉というのは、外に放っているエネルギーです。だから、それが**明るい言葉だったら明るい事柄が引き寄せられるし、くら〜い言葉だったら、暗い事柄が引き寄せられる**んですよ。

「イヤになっちゃうなぁ」「面白いことないよねぇ」ということばかり言っている人というのは、いつもつまらなさそうじゃないですか？

それは、そういう言葉がそういう事柄を呼んでしまっているのです。

――あ、よく言ってます……。私、ダメですね……。

いいんですよ、今まで言っていれば言っているほど、これからの変化が楽しみになりますから！

無意識に、「ああ、イヤになっちゃうなぁ」と言っていたら、イヤなことが、ひゅ～っと寄ってきます。

「あの人、仕事ができないし、だらしなくてダメだなぁ」と人を評価していたら、その人はますます、ダメな面をあなたに見せることでしょう。

マイナスの言葉を使っていると、自分の世界もマイナスになるのです。ですから、もし、自分の世界を、プラスでいっぱいの幸せなものに変えたかったら、自分の言葉を変えればいいのです！

やってみましょうか。まずは……、いいですか？

「すっぱーいウメボシを、想像しないでください！」

――しちゃいました。つばも出ちゃいました！

ね。「しないでください」と言われても、「すっぱーいウメボシ」と言われた瞬間、頭には真っ赤でいかにもすっぱそうなウメボシが浮かんでしまいます。

だから、ハッピープリンセスになるための言葉の使い方の1つ目は、**「起こってほしくないことは言わない」**です。

たとえば、「事故に遭わないように、気をつけてね」というのは、思いやりのこもった言葉ですが、ちょっと待って！

遭わないように、とは言っていますが、「事故」という言葉が、事故のイメージとなって、「共鳴引力の法則」で引き寄せてしまうこともあるのです。

だからこういう時は、「楽しんで行ってきてね！」でいいんです。そうすると、楽しいことがどんどん引き寄せられますよ。


ハッピープリンセスになる言葉の使い方の2つ目は、**「言い替えをする」**です。

身の回りの注意書きを見ると、ほとんどが否定語ではないですか？

「花壇に入らないでください」「うるさくしないでください」……。

でも、そう書かれると、逆に「花壇に入る」イメージが湧いて、やりたくなるものです。どうせやりたくなるなら、なってほしいことのほうがいいですよね。

だから、「草木を大事にしましょう」「静かにしましょう」と、**否定語のかわりに、なってほしいことに言い替える**ほうが、いい結果になるのです。

さらに、**マイナスな言葉は、プラスの言葉に言い替えてみましょう。**

「あの人、何かというと文句をつけるのよね」と言いたくなったら、「あの人は、本当に観察眼が鋭いのよね～」と言い替えてみる。

「あの人は自分勝手で困っちゃう」と言いたくなったら、「あの人はマイペースなのよね～」と言い替えてみる。

言い替えるだけで、相手に対する不満が消えて、なんとなく気分がよくなってきませんか？

では、ちょっと練習してみましょう。

Work

「～しない」でなく、なってほしいことを言ったり、マイナスでなくプラスな側面にフォーカスする、言葉の言い替えをしてみましょう！

「散らかさないで！」→「整頓しようね」

「時間にルーズ」→「おおらか」

「一言多い」→「感想やアドバイスが豊富」

「面倒」→「やりがいがある」

ダメ出しを減らすと、やる気が湧きます。また、同じことでも、それに対する自分のとらえ方をプラス方向にしていくと、相手への見方もマイルドになり、少し許せるようになってきます。

それだけではありません。自分が引き寄せることもマイルドになるので、自分自身に「文句をつけられたり」「困ってしまう」ことがなくなってくるんですよ！

人は、自分が使う言葉どおりになっていくのです。

だから、自分が話す言葉でも、「自分に起こってほしい単語」を使えば使うほど、そういう自分になっていくのです。

では今日の宿題です。

宿題

言葉チェックと言い替えをしてみましょう！

●今日から明日にかけて、自分の言葉をチェックしてみてください。

「イヤだなぁ」「つまんないなぁ」という、元気がなくなる言葉を使っていたら、チェック！

あれはダメ、これはダメ、あの人はダメ、自分もダメ。ダメ出しをしていたら、チェック！

「なんで？」「ヒドイ！」と、怒ったり、責めたりする言葉を使っていたらチェック！

「できない」「やらない」などの「〜ない」という否定の言葉を使っていたらチェック！
●「〜しない」と言っていたら、なってほしい姿に、マイナスな言葉はプラスの言葉に、言葉の言い替えをしてみましょう！

人をけなすと自分がへこむわけ

脳には不思議な機能があって、たとえば、ウメボシをイメージするだけで、ありもしないのに体に働きかけて唾液を出させます。それだけではありません。**人に向かって言っている言葉でも、自分に言われていると解釈してしまうのです。**

「ウメボシを想像しないで！」と言われても、「ウメボシ」のインパクトに、「しないで」が消されてしまうのと同じように、「あなたに」と言っても、消されてしまうのです。

だから、「あの人キレイ！」と言えば、「自分がキレイ」と言われたと思うし、自分の声は自分の耳に一番大きく響きますから、キレイの波動が自分を大きく包み込むので、ますます自分がキレイになっていきます。

逆に、「あの人ダメよね」と言えば、「自分がダメ」と大きく聞こえます。

試しに、「あなたはダメ！」と指鉄砲を作って相手に向けてみてください。その形はどうなっていますか？　1本は「ダメ」な相手に向けていますが、1本は天に向かって、あとの3本は……？

――あ、私……。

そうです、自分自身に向かっているのです。

天に向かっている指もそう。天に向かってつばを吐けば……。やがて重力で加速して自分に落ちてきます。

同じように、相手に向かって文句や不平不満を言えば、4倍、もしくはそれ以上になって自分に還ってくるのです。

だから、**相手に向かって、ほめ言葉や喜ばしい言葉を言えば、何倍にもなって自分に還ってくる**んですよ。

さらに「共鳴引力の法則」によって、もっともっと喜ばしく、うれしいことも引き寄せられてくるのです。

言葉は、プラスの言葉を使えば使うほど幸せになっていく、と言いましたが、さらに、「目に見えない力も味方にする魔法の言葉」、というのがあります。

それは、**「ありがとうございます」**です。

「ありがとうございます」とは、何かをしてもらった相手に感謝するだけでなく、「有り難い（あまりないこと）」を起こしてくれた「御座に居る」方……。つまり、目に見えないけれど、自分を見守ってくれたり、世界を動かしてくれている存在に対しても感謝している、という解釈もできるふか～い言葉なのです。

――えー？　うそー？

と、思うかもしれませんが、「ありがとうございます」は古くからある言葉。

漢字で書くと「有り難う御座居ます」ですから、自然と神さまを一体として信仰していた古来の日本人は、ちゃんとそういう存在を知って、感謝していたのですね。それが現在まで受け継がれているのです。

ですから、ものをもらった時に「ありがとうございます」と言うのは、目の前の人に対してだけでなく、その後ろにいる大きな力、神さまにもお礼を言っていることなのです。

「おかげさまで」もそうですね。「御陰」＝「目に見える相手だけでなく、目に見えない存在」の力も働いてくれたためです、感謝します！　という言葉ですから、これもまた、見えない力を味方につける、魔法の言葉なんです。

誰でも、「イヤだ」「ムカつく」と言っている人のそばには寄りたくないですよね？　でもお礼を言ってくれたり感謝してくれる人のそばには、うれしくて行きたくなりませんか？　それは神さまだって同じです。

「ありがとうございます」「おかげさまで」と事あるごとに言う人には、目に見えない力もたくさん応援してくれるんですよ！

プラスな言葉を習慣にしましょう

「世界は鏡」
「共鳴引力の法則」

これはまぎれもない事実です。
けれど、覚えていてほしいのですが、それを**実感するまでには、タイムラグがあるのです。**

鏡の顔のように、一瞬で変われば、「そうか!」と思いますが、いざ、自分から周りの人に笑顔で挨拶《あいさつ》をするようになっても、戸惑われたり、「どうしたの?」と聞かれたりしたら、それでガッカリしてやめてしまいたくなることもあるでしょう。

でも、気がつかないかもしれませんが、あなたの中でじわじわと変化は起きているのです。花の種に水をまいても、1日で芽は出ません。でも、何日か水をやり続けると、ある日ポコッと茶色くて固い殻が割れて、緑のちっちゃい芽が顔をのぞかせるのです。

諦めず、プラスの言葉を言い続けてみてください。

そうしていたら、気がつくと、たくさんのステキなものを引き寄せていたり、周りの人に好かれ、愛されるプリンセスになっているんですよ！

※

「なるほどなぁ～」

自分の言葉の力の大きさにビックリする幸子さんです。

ふと時計を見ると、電車の時間が迫っていました。

「いやだ、間に合わない！」

言ってから、ハッと、「いやだ」という不満を言っていたことに気づきました。

さらに、「間に合わない」という、否定の言葉も使っていました。何気ないこういう言葉が、もしかしたら不満やマイナスなことを、さらに引き寄せていたのかもしれません。

「えーと、こういう時の言い替えは……。よしよし、間に合うぞ！　かな？」

駅まで走って、電車に乗り込み、

「やったー、『間に合う』を引き寄せた！」

プリンセスになる言葉を身につけ始めた幸子さんです。

処方箋

第3日

・自分を取り巻く世界も鏡と同じ
・「共鳴引力の法則」がある
・自分からハッピープリンセスオーラを発していると、幸せが向こうからやってくる！
・人は、自分が使う言葉どおりになっていく
・起こってほしくないことは言わない
・言葉を言い替える

魔法の言葉

見えない力の応援をもらう言葉
「ありがとうございます」
「おかげさまで」

3日目の宿題

言葉チェックと、否定語は「なってほしいこと」に、マイナスな言葉はプラスの言葉に、言い替えてみよう！

第4日

ハッピープリンセスの見た目

4th lesson

「こんばんは……」今日のアカデミーのドアを開ける幸子さんの声は小さめです。実は仕事でミスをしてしまい、課長に怒られ、今日一日、すっかりブルーになっているのです。

「身も心もぐったりです……。ハッピープリンセスのカケラもありません。どうしたらいいのでしょう……」

先生は、そんな幸子さんに温かいハーブティーを出しながら、笑顔で言いました。

「今日は、そういう時にピッタリな、**『ハッピープリンセスになる体の使い方』**ですよ！」

「私はプリンセス！」という姿勢

「幸せじゃない」「気分が乗らない」「元気が出ない」……。こういったことは、「心のせい」と思っていませんか？

——そうじゃないんですか？　落ち込んでるからしょんぼりしちゃうんですよね？

実はそうでもないんですよ。心は、体の状態と深い関係があるのです。ですから、ハッピープリンセスになるには、カラダづくりも大切な要素なんです！

体の調子が上がらない時は、なかなか気分も上向きになりませんよね。でも、逆に元気いっぱいだったら、イヤな仕事を頼まれても、「しょうがない、やるか！」という気になりませんか？

心や気持ちというのは、体の状態にとても左右されるのです。

だから、体の状態をハッピーにしていたら、心もつられて、ハッピーにすることができるのです！

その一番カンタンな方法は、まず、**姿勢を変える**ことなんです。

これだけで、気持ちがぐーんと上向きになってきますよ。

では、まず、ハッピーになりにくい姿勢というのを見てみましょう。

調子が悪かったり、元気がなかったりする時というのは、背中が丸まって、頭は下がって、おなかはくたんとし、腰は曲がっていませんか？　この姿勢だと、元気が抜けていくのです。それだけではありませんよ、体にどういう影響を与えているかというと――。

まず頭が前に傾いているので、頭の重さがよけいに首・肩にかかって、肩こりや頭痛の原因となります。肩が前にきているので、胸郭が狭まって、呼吸が浅くなります。胃腸や腎臓が圧迫されるので、内臓の働きが悪くなります。腰が曲がっているので、腰痛の原因になります。さらに腹筋を使っていないので、おなかが出てくる……、というありがたくないオマケまでついているのです。

――えーっ、それって、私がいつもデスクワークしている時の姿勢ですよ！

そうそう。そういう人も多いですよね。だから肩こりになりやすいでしょう？

では、次に、ハッピーになる姿勢をやってみましょう。一緒にどうぞ！

Work ハッピープリンセスになる姿勢のつくり方

まず、ちょっと浅く腰掛けて、胃をぐっと上のほうに引き上げるようにして腰を立てます。次に鎖骨をぐっと開きます。さらに、頭のてっぺんがちょっと後ろに吊られているような感じにして、ひざをぴしっとつけてみてください。

――うわー、キツイ！　でもなんか、頭の通りがよくなるような感じです。

この姿勢だと、頭が、伸ばした背骨の上に乗るので、首や肩に負担がかからず、肩こりになりにくくなります。脳から脊髄《せきずい》までの神経の通りもよくなるので、頭もスッキリしますよ。

さらに胸郭が広がるので呼吸が深くなって、体中に酸素がたくさん行き渡りますから、顔のくすみもなくなっていきます。また、胃腸が圧迫されないので、内臓の機能もよくなります。腹筋背筋で腰骨を支えているので、腰痛になりにくいし、腹筋も締めているので、自前のコルセットでおなかが締まってきます！

難しければ、「胸を3センチ上げる」と意識するだけでもいいですよ。

頭がつい下がってしまうようなら、あごをくいっと上げて、この呪文を唱えてください。

「私はプリンセス！」

そうすると、自然に胸が張れますよね。

元気な時って、胸から乗り出すような感じで、「ねぇねぇ、聞いて！」ってなりませんか？　その形を先取りしてしまうのです。

腰を立てて胸を張ると、体の気の流れがよくなって、体の機能が高まるうえに、気持ちもその体の元気さにつられて、自然と上向きに、ハッピーになってくるんですよ。もちろん、見た目も凛としたプリンセスです。ぜひやってみてください！

「笑い」がステキな友を引き寄せる

そして、**笑うこと**も、幸せになるとても大きなポイントです。

「笑う門《かど》には福来《きた》る」という言葉がありますが、**笑っていると、ますます笑いたくなることがやってくる**のです。昨日お話しした、「共鳴引力の法則」を覚えていますか？　同じものを引き寄せようとする性質ですね。

あなたは、ムッとしている人と、にこやかな人と、どちらのそばに行きたいでしょう？

やっぱりにこやかな人ですよね。他の人も同じです。「類が友を呼ぶ」というように、自分が笑顔でいると、ステキな友も引き寄せられます。そして笑顔になりたくなるようなこともたくさん起こるのです。

さらに、声を出して笑うのは、とても体にいいんですよ。

笑う時は「はっ、はっ」と息を吐きますが、吐く時というのは、副交感神経を刺激して、リラックスする作用があるのです。また、笑うことは、たとえそれが作り笑いでも、血流がよくなり、免疫力がアップするという実験結果もあります。ガンが消えることもあるんですよ。

では、プリンセススマイルになる、簡単な呪文をお教えしましょう。いいですか

……？

「ニッコリ！」

はーい、そのまま5秒キープ！

「ニッコリ」と言うと、必ず笑い顔になるんですよ。

気持ちが落ち込んでいる時こそ！　顔を上げて胸を張って、「ニッコリ！」と言ってみてください。そうすると脳が、「あれ？　イイコトがあったかな？」と勘違いし、ハッピーホルモンを出してくれて、本当にハッピーになれてしまうのです！

——ニッコリ。……あ、ほんとだ、不思議！

そこで今日の宿題はこれです。

宿題　元気がなくなったら、背筋を伸ばして「ニッコリ！」しましょう。

キレイとナイスバディの食べ方の秘訣

幸せであるためには、「健康であること」も大切な要素です。

アロマセラピーや整体など、自然療法で体を癒す方法はたくさんありますが、**リラックスして、「おいしく食べてちゃんと消化吸収する」、「ぐっすりと眠れる」**

……この2つができていれば、体の免疫力がちゃんと作用するので、自然と健康になるのです。

けれど、ストレスで胃が痛くて食欲がなかったり、逆に食べ過ぎてしまったり、仕事が気になって眠れなかったり……、そういうことが続くと、次第に健康でなくなってしまうんですよね。だから、「おいしく食べてちゃんと消化吸収する」というのはすごく大切なのです。

そして、健康になるだけじゃなくて、ナイスバディになれる食べ方や飲み方というのもあるんですよ。

――えー！　ホントですか!?

まずは、食べ方の秘訣。それは、**ものを食べる時は、最初に手を合わせて「いただきます」と言うこと。**

これは大きなポイントです！

「いただく」というのは、「もらう」という意味だけではないんですよ。

「いただきます」というのは、用意してくれた人への感謝、食べられることへの感謝、お米や野菜を育ててくれた人への感謝、太陽や雨という自然の恵みへの感謝、私たちが生きるためにその命を捧げてくれた、お米や野菜や動物への感謝……、そういうたくさんの感謝をともに「いただく」ということです。

この一言をまず言うだけでお米も肉も自然も、「そう思って食べてくれるとうれしいなぁ。あなたの中で、もっと健康になるよう働きましょう！」となるのです。

そして、できれば、一人でなく、仲のいい人と、楽しい気持ちで食べてください。リラックスすると、消化酵素の分泌が盛んになりますので、楽しく食べることは、とても消化吸収にいいのです。

それと、食べすぎた時に「あーあ、食べすぎた。食べなきゃよかった」と、つい言ってしまうことはありませんか？

——あります。すっごくよくあります！

でもそれは、生き物がせっかく私たちのために命をくれているのに、申し訳ないですよね。体も、摂り入れたものが否定されていると、上手に消化吸収できません。

だから、そういう時は、**「食べすぎちゃうくらい、おいしくいただきました！」**と、まずは感謝すること。それだけで、健康になります。

さらに、**「食べれば食べるほどナイスバディになる！」**と言ってみましょう。

――えー。でも、カロリーが……。太っちゃうじゃないですか。

脳というのは、食べていないどころか、見てもいないウメボシをイメージしただけで唾液を出させる力があるんですよ！　イメージによって体はちゃーんと作用するんです。

だから、**「どうせダメ」とか「これじゃ太っちゃう」なんて思っていたら、そっちが実現してしまいます。**気をつけてくださいね！

そして、お水のとり方でも体は変わってきます。

知っていますか？　お水は、「ありがとう」などのいい言葉をかけられると、その結晶がキレイな形になっていくのです。

人の体の約70％は水。**飲む水がいい言葉をかけられてキレイな結晶になって、それが体に染み込んでいけば、体が変わってきます。**

お水を飲む時「ますますキレイになってありがとう！」と言いながら飲むと、その言葉を聞いた水が、体の60兆個の細胞をその言葉とともに潤していき、そうなるように働いてくれます。

「ますます健康になってありがとう！」「ナイスバディになってありがとう！」でも効果があります。欲張って、**「ますますキレイで健康でナイスバディになってありがとう！」**でも、もちろんいいですよ。

お水を飲むと、血液がサラサラになり、体の老廃物も早く排出してくれます。こまめに水分をとり、そのたびにこの言葉を唱えていたら、体はどんどん変わっていきますから、楽しみにしていてください！

体をゆるめると心も柔らかに

体をゆるめることも大切です。体がかたいと、心も頑なになりがちです。

体がふにゃふにゃの子どもは柔軟で、体がかたい大人は頑固だったりしますよね。

小さい子どもは絶えず動いているので、熱を発散して体温も高く、体も柔らかいです。そのような状態だと、気の流れがよく、体の循環も代謝もいいので、肩こりなどにはなりません。

けれど次第に大人になって、デスクワークばかりしていたりすると、運動不足で体がかたくなり、代謝も悪くなり、心も頑なになって、気分もスッキリしなくなります。そんな時に効果があるのが、体を動かすこと。やってみましょうか！

Work 体をゆるめる簡単ボディワーク

○疲れたな、と思った時

・グッと両肩を上げて、ストンと落とすのを5回
・首を左右に回すのを5回
・椅子に座ったまま腰を左右に回すのを5回
・脚と腕をできるだけ床と水平になるよう伸ばし、足首を上げ下げするのと、手を握って開いてを同時に5回

これで、滞っていた血の巡りがよくなります。

○目の疲れや頭痛を和らげるには

・目を見開いてぎょろぎょろと左右に5回ずつ回す
・耳をちょっと痛いくらいの力でもみほぐし、最後にぎゅーっと下に引っ張ってから放す

○肩こりの緩和

・肩をできるだけ大きく、前・後ろに5回ずつ回す
・両手の指を組んで、できるだけ上に伸ばす

○全身の経絡《けいらく》に効くツボの刺激

・手の爪の両脇を、ちょっと痛いくらい全部押さえる
・脚と腕をできるだけ床と水平に伸ばし、足首手首を左右に5回ずつ回す

○立ち上がってやるストレッチ

・ひざの屈伸運動5回

・足を少し広げ、手を後ろで組んで前屈し、組んだ手をできるだけ上に伸ばす
・両手を左右にブラーンと5回ずつ回す

全部やっても、ほんの数分です。でも、一日に何度かこれをやるだけで柔軟さがよみがえってきますよ。ほんの少しの心がけで、ハッピープリンセスなカラダがつくれるのです！

※

アカデミーを出た幸子さんは、胸を張って歩くと気分も凛として、昼間あんなにどんよりとのしかかっていた肩の重荷が軽くなったように感じました。

「食べれば食べるほど、ナイスバディ、かぁ……」

ナイスバディ、という単語だけでもなんだかワクワクしてきます。

心・体・言葉……人の体はつながっている！　思わず楽しくなる幸子さんです。

処方箋

第4日

・心や気持ちというのは、体の状態にとても左右される
・笑っていると、ますます笑いたくなることがやってくる

魔法の言葉

姿勢をよくする呪文「私はプリンセス！」
笑顔になる呪文「ニッコリ！」
健康になる呪文「いただきます！」
食べすぎた時の呪文「食べれば食べるほど、ナイスバディになるの！」

4日目の宿題

元気がなくなったら、背筋を伸ばして「ニッコリ！」しよう

第5日

試練は「なりたい自分」になるため

5th lesson

「先生！」

アカデミーに入ってくるなり、幸子さんは泣き出してしまいました。

「何があったの？」

昨日の仕事のミスが響いて、取引先に部長や役員までが謝りに行く事態となってしまったのです。幸子さんもきつく叱責《しっせき》され、他の人の視線も冷たく、針のむしろです。

きちんとやっていたはずなのに、どうしてあんなミスをしてしまったのだろう？気になる南條さんも関係している件なので、今ごろ大変なはずです。自分も辛いし、取引先にも会社にも迷惑をかけたし、自己嫌悪でいてもたってもいられません。

残業をして、自分にできるかぎりのことをしたものの、落ち込みは止まりません。でも、なんとか気力を振り絞って、アカデミーの最終受付時間にやってきたのです。

「……私って、ほんとにダメなんです。仕事ができないし、気がきかないし。迷惑かけてばかりのダメ人間だから、前の彼氏も友達にとられちゃって……。こんな私、プリンセスになるどころか、生きていてもしょうがないんです……」

涙が止まらない幸子さんの背中を静かになでながら、先生が穏やかな声で言いました。

「生きていてもしょうがない人なんていないんですよ。だって、人は一人残らず、幸せになるために生まれてきたんですから。今日は、その理由である、プリンセスが心得ておくべき、**自分の応援団を心に留めること**をお話ししましょうね」

なんで私は生きているのかな？

充実して毎日を過ごしている時は気づきませんが、今日みたいにトラブルがあると、「どうしてこんな思いをしながら生きているんだろう？」とか、「自分はあの人と比べてあれもできないしこれもできない、価値がない人間なのになんで生きているんだろう？」とか考えてしまうこともありますよね。

では、質問です。

「あなたは今、自分の心臓の鼓動を止めることはできますか？」

——…………。できません。

そうですよね。

「自分の命は自分のもの」。そう思っていても、私たちは自分の思いの力だけでは自分の心臓を止めることすらできないのです。

では、心臓は誰が動かしているのでしょう？

——誰って……。私、じゃないんですよね……。心臓を止められませんから。

そう。実は、**あなたには、「あなたに生きて、動いて、幸せになってほしい」と思っている存在がいる**のです。さらに、自分の魂が「体を使って、いろいろな体験がしたい！」と思ったからこそ、「体を授かって」生まれてきたのです。

あなたは今こうして、体も大きくなりました。

「私は誰の手も借りず、自分一人だけの力で生きてきた！」

そう思っている人でも、まだ動けない赤ん坊のころ、お乳をくれ、おしめを替えてくれた人がいたのです。寝るところがあり、着るものがあり、食べるものがあったりと、たくさんの力を借りていたのです。

それは、それらを用意してくれた、身近な人だけではありません。

あなたが着ているシャツは、あなたのものです。でもあなたが作ったわけではありませんよね？　誰かが縫製してくれたのです。その材料の綿は、誰かが育てたのです。そして自然が、雨や太陽の恵みを降らせて、綿花を咲かせてくれたのです。

膨大な人、そして自然の恵みが、シャツ一枚に込められているのです。

——言われてみれば、確かにそうですね。忘れていました……。

たとえば、あなたが誰かから誕生日プレゼントをもらったとします。そうしたら、自分のために心やお金を使ってくれたのがうれしくて、その人の誕生日には自分も何かプレゼントをしようかなと思うでしょう。では……。

「あなたが今まで生きてきた中で、食べたものをすべて挙げてみてください」

お米、麦、トマト、大根、豚、牛……。お米は何粒だと思いますか？　トマトは何個？　ハンバーガーで食べた牛は何頭でしょう？

それだけではありません。お米は、精米せずに田んぼに植えれば、何十何百という実を実らせる稲穂になります。牛は、命をまっとうすれば、何頭もの子牛を産んだことでしょう。

あなたには、あなたが生きるために、その命と、たくさんの子孫の未来をもプレゼントしてくれた存在がいるのです。それに、何かお返しをしたでしょうか？

――していません……。

シュンとしないでいいんですよ。誰でもそうなんです。いただいた命の代償を、つぐなったりできないんですよね。

だから、食事をするたびに**「（ありがたく命を）いただきます！」**と言って、感謝しておいしく食べて、その命を自分の血肉としていくのです。

そして、お米のぶんも牛のぶんも、しっかり生きていけばいいんですよ！

――実は今日、「いただきます」って言うの忘れちゃったんです。せめて、「いただきます」って感謝するだけでも、しないといけませんね。

すばらしい！

このように**「自分が生きている」ということは、「たくさんの命をいただき、たくさんの恵みをいただいている」**ということなんですよね。

それだけではありません。

自分が今まで車にぶつからず、事故に遭わず、もし遭ったとしてもこうして生きていられるのはなぜなのでしょう？

時に、ひやっとするようなことが起こったりしますよね。それでも無事なのは、なぜでしょう？

――たまたま運がよかった……？

いいえ。それは、「あなたはこれから、まだまだ生きて経験すべきことがあるから、守られているため」なのです！

だから自分に起こることはすべて、「自分に必要だから起こる」のです。

それは、すばらしいパートナーとの出会いというようなうれしいこともそうですし、困難なことや、病気という辛いことであってもそうなんですよ！

彼氏を友達にとられたら

「友達に彼氏をとられた！」という体験をしたのも、「彼氏がなびくような友達がいない」ということもありえたのに、そういう友達がいたのですから、これも、あなたがそれによって何かを学ぶために必要だから起こったことなのです。

――えっ、そうなんですか？

そうなんです！　そして、起こることはみんな、イヤなことだったらイヤなことのぶんだけ、「イイコト」もあるのです。

世界はすべてバランスでできています。

たとえば、「彼氏をとられて、起こったこと」について考えてみましょう。

●悪い面

・傷ついた

・人間不信になった

・悲しかった

……たくさんありますよね。でも逆の面もあるのです。

○良い面

・いろいろな人間がいることが分かった

・悲しい時に慰めてくれる人の温かさを知った

・もっとステキな人に出会っても、いつでも付き合える！

……これまた、いろいろあるのです。

起こらなかったかもしれないのにそうなってしまった、ということは、「必要だから」。

だから、どんなにイヤな人と出会ったとしても、必ず、**ものごとには「悪い面」と「良い面」があり、それに「気づくために必要だから」起きている**のです。

なので、困難なことが起きて、「なんであんなイヤな人に会ったんだろう」と思ったり、「自分はなんてダメなんだろう」と嘆くことはないのです。

「ただ、気づけばいい」のです。やってみましょうか。

Work

自分に今まであった、大変なできごと、イヤな人のことを思い出してください。

そして、それによって受けた、悪い面と良い面を書き出してみましょう！

●悪い面……………………………………

○良い面……………………………………

宿題 **イヤなことに出会ったら、良い面と悪い面にそれぞれ気づいてみよう！**

幸子さんの今日のトラブルにも、必ず「良い面」があるんですよ。今すぐには見つからないかもしれませんが、すべてはバランス。必ずあるのです。

――でも、「すべてのことに、良い面と悪い面がある」、ということは、うれしかったり、幸せなことにも悪い面があるということですか？

そのとおり！　ラブラブのパートナーとすでに出会っている人だったら、「もう他の相手を探せない」「いい人と出会うように、自分磨きをしよう！　という意欲をもてない」「出会えない辛さが長ければ長いほど、出会えた時の喜びが大きいのに、それを体験できない」……。いろいろな悪い面があるのです。

でも、幸せな時は、そういうことって気になりませんよね。けれど、辛い時は、ちゃんとあるイイコトにも気づけないのです。

だから、「気づくこと！」。これが大切なのです。そして、トラブルに遭った時に唱えるといい魔法の言葉を教えてあげましょう。

それは、**「大丈夫！　なんとかなる！」**です。

起こったことは必要なことだから、目に見えない力が、自分に乗り越えられると起こしてくれたこと。それを信じて、それに応えるぞ！　ということです。

そして、そう思って、自分にできることを一生懸命にやれば、ちゃんと「大丈夫」になるんですよ！

つまずいても、転んでも、失敗しても、迷惑をかけてもいいんです。完璧じゃないから、当然なんです。人は経験するために生まれてきました。ダメなこともトラブルもすべて、「体験したいから」生まれてくるのです。

だからただ、「なりたい自分」になるよう、良いところを伸ばし、悪いところを改めればいいだけなんですよ。

諦めずに動き続け、体験し続けていたら、必ず、なりたい自分に近づき、幸せになっていきます。

あなたを生かしてくれ、見守ってくれているすべての存在は、そうなるように期待しているから、あなたを応援してくれているのです！

※

アカデミーを出た幸子さんは、落ちついたすがすがしい気持ちになっていました。

確かに、ひどい失敗をして迷惑をかけてしまいましたが、命を取られるほどではないのです。

それに、ミスする前に気づくこともできたのに、気づかなかったということは、これも「必要なことだから」と、ハラをくくると、「気づくのに必要な、良い面と悪い面を見つけてみよう！」という気持ちにもなってきました。

やってしまったことは、しょうがないのです。

「大丈夫。なんとかなる……！」

携帯をチェックすると、メールが入っていました。南條さんからです。迷惑をかけたから怒っているのかな……と、ドキッとして内容を見ると……、

『今日は大変だったね。だいぶ怒られていたけど、大丈夫？　このことでチェック機能の見直しをすることになって、おかげで一つ事前のミスが防げたよ。ありがとう。これ、知らせておこうと思って。今日はよく休んで。では、また明日！』

南條さんの温かい思いやりに、止まった涙がまたじわっとにじんできます。

「良いことが一つ見つかった！」そう思う幸子さんです。

処方箋

第5日

・あなたはこれから、まだまだ生きて経験すべきことがあるから、守られている
・自分に起こることはすべて、「自分に必要だから」起こる
・ものごとには「悪い面」と「良い面」があり、それに「気づくために必要だから」起きている

魔法の言葉

「大丈夫！　なんとかなる！」

5日目の宿題

イヤなことに出会ったら、良い面と悪い面にそれぞれ気づいてみよう！

第6日

最高のプレゼント

6th lesson

仕事のトラブルが落ちついて、ちょっとほっとした幸子さん。

そんな幸子さんに、先輩の工藤さんが声をかけてきました。

「今度、組合でイベントをするんだけど、手伝ってくれない？」

幸子さんは躊躇《ちゅうちょ》してしまいました。

前にも手伝ったことがあるのですが、週一の打ち合わせに、前日の買い出しに、当日の役割……、けっこう時間や労力を使ったのを思い出したのです。

「スケジュールを確認しますので、明日返事しますね」とは言ったものの、あんまりやりたくありません――。

「でも、やったほうがいいんですよね……？」

アカデミーで先生に言うと、先生はニコニコしながらうなずきました。

「昨日、あなたの応援団のお話をしましたよね。受けとっていると知ると、自分もプレゼントしたくなりませんか？『プリンセスハート』のポイントは、**あげることなんです**」

「頼まれごと」は大きなチャンス

頼まれごとをすると、「時間やお金や労力が奪われる」と思って、『なんだかイヤだなぁ』と思ってしまうこともありますよね。

でもそれは、「自分がどうしてもやりたいことがあるのに、それが妨げられるから」ですか？　それともただの「ものぐさの誘惑」でしょうか？

頼まれた、ということは、「あなたにできる」と見込まれたこと。あなたの能力が信頼されている、ということです。

あなたがこうして生きているのは、たくさんの命があなたにその身を捧げてくれたり、たくさんの人が助けてくれたから。

その命や人が、あなたに何を期待しているかというと、自分のかわりに**「あなたの才能を周りに発揮すること」**なのです。

頼まれごとは、そのあなたの才能を発揮するいい機会なんですよ。

あなたが、その体や心を使えば使うほど、あなたが動けば動くほど、イイコトの輪が広がるし、そうすれば「共鳴引力の法則」で、イイコトが引き寄せられてくるのです。

――でも、私にはたいして取り柄なんてないですよ。ただいいように使われてしまうだけで……。

何をおっしゃいますか！　できることって、いっぱいあるんですよ。

今こうしているだけでも、「話せる」「笑顔を見せられる」「足が動く」「手が動く」。これは、当たり前ではありません。

それに、寄付をすることだってできます。

――寄付ですか？　こっちがお金を寄付してもらいたいくらいですよ！

分かります（笑）。でも、お財布を見てください。その中に1円玉はありませんか？　その1円玉がなかったら、今日一日生きていけませんか？

もしそうでなかったら、コンビニの募金箱にその1円玉をチャリンと入れるだけで、あなたから「イイコト」の輪は広がっていきます。

あなたが動いて、自分がもっている能力やものを分かち合うだけで、イイコトの輪がじわじわーっと広がっていくのです！

「不満」はどうして生まれるのか？

失望、不満、怒り……。それを感じることもありますよね。

これらのことには、一つの共通点があります。

それは、**「求めている」から生まれる**、ということです。

「コレをしてほしい」と「求めて」いるのに、そのとおりにならないから、ガッカリしたり、不満や怒りが湧いてくるのです。だから、何かを求めたり、期待したりしなければ、「期待外れ」になることもないんですよね。

――でも、苦しい時は助けてほしいとか、もっと好意的に接してほしいとか考えちゃいますよ～。「求めない」「期待しない」って難しいです。

そうですよね！　だから、ガマンするのをやめて、**「やってあげる」**んです！

「あの子は、いつもムスッとした顔をしている。私の方が先輩なんだから、あっちが先に挨拶するべきなのに！」と思っても、世界は鏡。相手も、「あっちは先輩で社会人経験が長いんだから、向こうの方が歩み寄るべき！」と思っているかもしれません。

――あ……、そうかぁ。

だから、**「求める」かわりに「やってあげる」。**

自分から先に動いてしまうのです。

顔を見たら、先に挨拶して「あげる」。募金箱を見つけたら、「私の方が欲しいくらい」と思っても、1円入れて「あげる」。道で困っている人がいたら、自分も急いでいて時間が惜しいけれど、声をかけて助けて「あげる」。

この時、**プリンセスレベルなのは、「あちらの方がやるべき」なのに、こちらがやって「あげる」ことです。**

たとえば、仕事の相手が、期限を間違えて納品が遅れてしまったとします。

当然、あちらの方が悪いですよね。でも、自分ももう一度確認すればよかったのに、それに気づかなかった。

だからこれは、「自分にとっても必要な経験だから起こった」、と思ってみるのです。

そして、「相手を責める」かわりに、「自分が気づき、やってあげ」ましょう！

相手を責めることができる時に、相手から謝罪を「求める」かわりに、「今からできるだけのことを一緒にやりましょう」と言って、優しさと協力を「あげる」ことができる人こそ、プリンセスハートのもち主ですよ。

それに、自分が逆の立場だとしたらどうでしょう？

自分がミスして怒られるべき時に許されたら、許してくれた相手は何に見えますか？

――プリンセスどころか、神さまに見えます！

そうですよね。

あげることができる人は、感謝と好意を引き寄せることができるのです。

さらに、「やってあげる」のかわりに**「やらせていただく」**という気持ちでいたら、ますます謙虚さと優しさに満ちたプリンセスになりますよ！

イイコトをすれば、もっとイイコトが！

「やったことが還ってくる」のが宇宙の法則ですから、「イイコト」をすれば、見返りを求めなくても、イイコトがやってきます。

イイコトをしたことを忘れてしまうくらい、期待しなければ期待しないほど、大きくなって還ってくるのです。

「お礼なんて要りません。**笑顔だけで充分ですよ！**」

こう言えたら、すばらしいですよね。

それは、「あなたが還さなくてもかまいませんよ。目に見えない力が、ちゃーんと法則どおりに自分をサポートしてくれていますから！」という深い信頼でもあるのです。

私たちは、レストランで出される、水の入ったコップのようなものです。

空になると、新しい水が注がれます。でも空にならなければ、新しい水は入ってきません。

自分のものをあげるからこそ、すばらしいものが新たにやってくるようになっているのです。

仕事もそう。自分に与えられた仕事を、一生懸命、自分にできる精一杯でいつもやって「あげて」いたら、いつの間にかスキルアップして、新しい、もっとやりがいがあってお給料も高くなる仕事がやってくるのです。

でも、「お給料が欲しい」「お休みが欲しい」と「求める」ばかりで自分は動かず、何も「あげて」いなければ、お給料の高い仕事がやってくると思いますか？

──うっ……、耳が痛いです～。

不満は、相手から何かを得ようとして得られなかったために生まれます。だから逆に、**自分が気分よくあげていたら不満に思うヒマなんてない**んですよね。

「心配」もそうです。自分が本当にできるか、相手が本当にできるか、結果を「求めて」いるわけです。こんな時は「心」を「配」って、自分ができることをすべてして「あげて」、あとは大きな力に任せましょう。

それでうまくいけばいいですし、うまくいかなかったとしても、必ず悪い面と同時に良い面もあるのですから、そこで気づけばいいのです。

「共鳴引力の法則」からすれば、心配すると心配事が寄ってきます。ですから、心配しないで、信頼していたら、信頼すべき結果がちゃんとやってくるのですよ！

許すことは、与えること

英語の「許す　forgive」の語源は、古英語の「for-（完全に）＋giefan（与える）」に由来しています。**完全に与えることが、許すこと**、なんですね。

許せない時というのは、自分のプライドや利益などが「取られた」時です。だから、そんな時こそ、自分の優しさや思いやりや気遣いを「与えて」みるのです。

人を許せる人は許されます。でも許せない人は自分も許されないのです。

絵や音楽のアーティストに才能があるのは、もちろん自分が努力して磨いたためでもあるのですが、その才能は周りと分かち合い、喜んでもらうために授かったものでもあるのです。それでお金や名声が付いてくることもありますが、それは「与えて」いるから還ってきているんですね。

人は授かった才能を分かち合うために生まれ、そして、そのために生かされているのです。

自分にとりたてて才能がないと思っても、口があれば笑えます。人をほめることもできます。お財布に1円があれば募金することもできます。

それだって、すばらしい自分の才能の分かち合い、プレゼントなんですよ！

ほめた数だけ世界が変わります

では、お金がかからなくて、絶大な効果があるプレゼントを教えましょう。

あなたが人に言われたら思わず笑顔になってしまう言葉は何ですか？

――ええと、「美人ですね」「ありがとう」「一緒にいて楽しい」「大好き」！

そうそう、いろいろありますよね。言われてうれしい言葉というのは、**「ほめられること」「喜ばしくなること」**じゃないですか？

だから、それを他の人に言ってあげればいいのです！

ほめるのは、難しいことじゃないですよ。その人が着ている服や、やったことや、気づいたことを言えばいいのです。ほめることを見つけ出すのも、「訓練」です。慣れるまでは難しいと思うかもしれませんが、やればやるほど、喜びの輪が広がるのに気づくはずです。

宿題 会った人を必ず1つほめる

言葉は、お金もかかりませんし、時間だって労力だって大してかかりません。

でも、**ほめた数だけ、世界が変わってきます。**

だから、楽しみにして続けてみてください。

自分のもてるものを出せば出すほど、自分のコップは新たなもので満たされます。

息だって、吐きっぱなしなんてことはありません。必ず吸い込みます。吐けば吐くほど、新しい空気が入ってきます。

すべてのものは循環しているのです。

出せば出すほど、新しいものが入ってきて、自分の新たな才能を発見できたり、ご縁ができたりするのです。

プリンセスが慕われるのは、いつも優しさを周りにあげているから。だからたくさんの人から敬愛の情を受けとっているのです。

部屋でうずくまっていては、新しいものが入ってきません。立ち上がって、大きく息を吸い込み、言葉の分かち合いから始めてみましょう！

※

幸子さんは、工藤先輩に、『イベント、喜んで手伝わせていただきますね！』とメールを送りました。そうしたら折り返してきた返事が、

『よかった！　南條さんも一緒にやってくれるって。これでイベントは成功したも同然！』

えっ、南條さんも？

イイコトをするとイイコトが……。思わずニッコリする幸子さんです。

処方箋

第6日

・人は、才能を発揮するために生まれた
・「求める」かわりに「やってあげる」、「やらせていただく」
・自分が与え続けていたら不満に思うヒマなんてない
・ほめた数だけ、世界が変わってくる

魔法の言葉

「笑顔だけで充分ですよ！」

6日目の宿題

会った人を必ずほめよう

第7日

仕事の場で
幸福の種をまく

7th lesson

幸子さんの部屋の目覚まし時計がジリジリと鳴り、今日もまた朝がやってきてしまいました。眠い目をこすって、しぶしぶ温かい寝床から起き出し、会社に行く支度を始めます。

生活していくためには、必ずなんらかの仕事をしなくてはなりません。しょうがないとは思いながらも、ため息をつきながら会社に行く幸子さんです。

「生きるって辛いなって、毎朝思っちゃうんですよねー……」

そう言う幸子さんに、先生がウィンクしました。

「仕事というのは、あなたの才能で幸せを呼び込むチャンスの場なんですよ。プリンセスハートの持ち主は、**才能をプレゼントするのが好き**なのです！」

仕事をしなきゃ、もったいない！

「仕事をしないで、一日中ベッドでゴロゴロしていられたらなぁ……」と、眠い朝、ついつい思ってしまいますよね。

仕事をするのがなぜだかわかりますか？

一つはお金をもらうため。

ではなぜお金が必要かというと、生きていくには、食費やその他もろもろの経費がかかるからです。だから、生きるためには、働かなきゃ……と、半ば諦めのように考えたりすることもあるでしょう。

では、そんな時、こういうふうに考えてみるのはどうでしょうか？

「働くために生きているんだ」と。

生きていくには、食べ物や住むところが必要です。そのためにお金が要るから、仕事をして、お金を稼ぐわけです。

でも、生きるのにお金が要らなかったら、ずーっとゴロゴロしてしまいませんか？　せっかく、動く体や、よく回る頭、あなたにはできることがたくさんあるのに、それを使わなかったりするんじゃないでしょうか？

実は、**「仕事」というのは、あなたがたくさん動いて、自分を発揮するための「機会」**なのです。仕事があるからこそ、眠い目をこすりながら起きて、重い体を動かすわけですよね。

そして、**「動くこと」というのは、イイコトを発生させる**のです。

朝起きて食事をすることは、その食べ物の命をまっとうさせること。食材を買ったお店に利益をもたらすこと。電車に乗れば、鉄道会社が潤います。職場で働けば、あなたは知力体力を発揮して、会社の運営を助けているわけです。会社というのは、世の中に働きかけているものですから、つまり……、**あなたが動けば動くほど、「社会貢献」をしていることになる**のです！

――なるほど、そういう考えもあるんですね！

その仕事はあなたに合っていますか？

でも、せっかく動くこと、働くことで社会貢献ができるのに、それがイヤイヤだったら、自分も楽しくないし、イキイキ働けないですよね。かけがえのないその体を、やりがいのある、自分の楽しいことに使わないともったいない。

では、自分が今やっていることをもっと楽しくできるかどうか、チェックしてみましょう！

Work

仕事の満足度をチェックしてみよう！

Ⅰ．あなたは今、どんな仕事をやっていますか？（主婦業・学業等含む）

「　　　　　　　　　　　　　　　　　　」

Ⅱ．その仕事は、次のうちのどれでしょうか？

1．とても楽しい。毎日やるのが楽しみでしょうがない
2．まぁまぁ楽しい。でももっと別のこともやってみたい
3．それほど楽しくないけれど、他を探すことも面倒だし難しそうだからガマン
4．イヤでイヤでしょうがない
5．体に不調をきたすほどストレスがいっぱい

あなたが今やっている仕事は、いろいろな理由があるにせよ、何千、何万とある職種・会社の中からたった一つのご縁ができたところです。それはものすごい確率ですよね。ここに大きな意味があるとは思いませんか？

もし答えが1だったら、その仕事はあなたにとても合っています。そこで心を込めて働いて、たくさんのことを吸収すれば、その仕事が「これが天職だ」と気づいたり、やがて「天職だ」と気づくものに出会うことができるでしょう。

2、3の人は、学びの時です。あなたがその職についたのは、自分がそこで、何かを気づき、学んだり、必要な人と出会うためです。

今の仕事をもっと楽しくする秘訣を教えましょうね。

それは、**「今の3割増し、心を込めて働いてみること」**です。

挨拶が小声だったら、3割増し大きく。「あれをやって」と頼まれたら、3割増しスピーディーに。

3割増し心を込めて動く、ということは、3割増しイイコトをする、ということ

と同じです。だからやがて、3割増し以上自分に還ってくるのです！

周りの人は、やがて、以前より活気にあふれて働くあなたに気づくでしょう。そしてあなたも、周りの反応が変わったことや、仕事の面白さに気づくでしょう。

そうしたら、今まで「つまらない」と思っていた仕事が楽しくなって、「これがもしかして天職？」と気づいたり、もしくはそこで必要なことを学び終えたら、ほかに新天地を求めるきっかけやご縁に出会ったりするのです。

それに、**イイコトをして還ってくるのは、仕事運だけじゃなく、恋愛運や金運の場合もあります！**

そして4、5の人は、まずは**「こんなにストレスフルなことがわざわざ起きているのは、自分に何を気づかせようとしているのか」**を考えてみましょう。「必要なことだから起こっている」とハラをくくって、自分を見つめてみるのです。

仕事のやり方か、周りへの接し方か、自分の考え方か……。そして、「3割増し」をやってみましょう。

でも、それでも変わらなければ、それは「別の場所に行きなさい」というメッセージです。「今のところがいるべきところ」なのであれば、そこまで辛いことは起こらないでしょう。体に不調というメッセージを送ってまであなたに知らせようとしているのに我慢をしてはいけません。

だから、まず「気づくこと」。それでも変わらないなら、「別のところに行く」のは大きなエネルギーがいることですが、「エイヤッ」と動くのも大切なことなんですよ！

——3割増し、ですか。「言われたことだけこなしていればいいや」って、このごろ思っていました。自分で仕事をつまらなくしていたんですね……。

周りの見る目が変わってくる

どんな人にでも、仕事を楽しくするために共通してできることがあります。

まずは、**「ハイ！　ニコッ！　パッ！」**です。

すぐに返事をすること。「忙しいなぁ」と思っても、笑顔を向けること。そして、自分が何かをやっていても手を止めて、呼んだ人のところに行くことです。

これをするだけで、周りの見る目が変わってくるはずです。「デキル人」だと思われるようにもなりますし、家族にも、可愛がられるようになりますよ。

そして、**15分早く起きること**。この15分で、人に道を譲ったり、人のために何かをしてあげる余裕が出てくるのです。

さらに、**明るい挨拶**。そして、いつもの挨拶にプラスして言うと幸せを引き寄せる言葉は、**「いつもありがとうございます！」**です。

朝、目が覚めたら、家族に「おはよう！　今日も一日よろしく。いつもありがとう！」と言ってみましょう。

最初は、言うのも照れるし、言われた方もビックリでしょう。でも、めげずに続けてみてください。**挨拶は、「自分が動いて世界に働きかける」、ものすごい効果をもたらすスイッチ**だと分かりますよ。

会社でも「おはようございます！」。**笑顔**もついていると、さらにいいですね。

そして、電話応対の時などにも、「いつもありがとうございます！」と言ってみてください。

そうすると「いつも何かしてくれる人」はうれしくなりますし、「いつも何かしてくれていない人」は、「あ、何かしよう」という気持ちに自然となるのです。

明るい挨拶、笑顔は、明るい波動と微笑みをあなたのところに引き寄せはじめ、もっと「ありがとう」と言いたくなることもやってくるんですよ。

才能をプレゼントするのが仕事

人は「自分の体・才能を使って、やりたいことをやって、それを周りにプレゼントするために生まれてきた」のです。

「人」の中で「動く」ことが「働く」こと。

そうすると、**「自分のやった仕事の質×量」**の分、収入が入ってくるのです。

「言われたことだけやっていればいいや」だと、それで終わってしまいます。

でも、自分のやりたいことが自分の仕事になって、その結果が周りの人を幸せにする、と考えるとステキじゃないですか？

今日の宿題はこれです。

宿題

自分の才能を見つけるために「これをやっていると幸せ」ということをリストアップしましょう。

仕事のストレス解消ではなく、ほめられたこと、喜ばれたこと、得意なこと、時間を忘れること、時間もお金もかけてしまうこと、成果を挙げたこと……。今でも昔でもかまいません。

そこに、「自分はこれをするために生まれた」というヒントがひそんでいるのです。

せっかく自分を使うのですから、やりたいことをやって、幸せになりましょう。

仕事は自分の分かち合い。喜びながら、楽しみながらやりたいですね！

※

仕事が、「自分を使ってイイコトをするために必要な機会」とは、今まで幸子さんは考えてもみませんでした。

でも確かに、仕事があるからこそ、社会に働きかけて、お給料ももらえて、自分が欲しいものも買えるわけです。

せっかくの機会を、もっと生かさないと、自分がもったいない！

本当は自分が何をしたかったのか。何が得意で何をすると幸せだったのか……。

あれこれ思い出してみる幸子さんです。

処方箋

第7日

・働くために生きている
・動けば動くほど社会に貢献している
・３割増し心を込めて働く
・人は自分の体・才能を使って、やりたいことをやって、それを周りにプレゼントするために生まれてきた

魔法の言葉

「ハイッ！　ニコッ！　パッ！」

「いつもありがとうございます！」

7日目の宿題

「これをやっていると幸せ」ということをリストアップしよう

第8日

才能をもっと使いましょう

8th lesson

仕事を3割、とはいかないまでも、1割増し心を込めてやってみた幸子さん。

声を1割増しハキハキさせ、電話では必ず「いつもありがとうございます！」と加えてみました。

すると、何度か「こちらこそありがとう」と言われたのです。

「ありがとう」と何度も言ったり聞いたりすると、なんだか温かい気持ちでいっぱいになります。ありがとうの波動がやってくる感じです。

共用の場所がごちゃごちゃしているのも、「どうせいつものことだから」と思っていたのですが、「動くことはイイコトをすること」と、ちょっと整理してみました。

すると、ほんの10分ほどでけっこう片付き、「うーん、これも才能を発揮していること？」と一人で満足していたら、「お、きれいになったね、助かるよ」とほめられたのです。

「先生。動くって、すごく大切なことなんですね」

先生がうなずきます。

「そうですよ。せっかく授かった体や才能に気づいたら、使わないともったいないです。そしてプリンセスハートとして大切な、**自分を上手に生かす方法**を知っていたら、もっともっと幸せになりますよ！」

自分だけの才能を生かすには？

昨日の宿題をやってきましたか？

「これをやっていると幸せ」ということのリストアップでしたね。やってほめられたこと、喜ばれたこと、得意なこと、時間を忘れること、時間もお金もかけてしまうこと、成果を挙げたこと……。

ある人は料理が上手。ある人はパソコンが上手。人がそれぞれ得意分野が違うのも、**それぞれが違う才能を授かっているから**なんです。

では、これから、自分の才能を探して、活用できるようにしてみましょう！

「自分は何をしていると幸せな人？」

ステップ1

昨日の宿題の「これをやっていると幸せ」というリストを見てください。その中で、とりわけ幸せなことはなんですか？

仕事の憂さを晴らす、ストレス解消、というのは省いてください。「思いっきり寝る」とか「何も考えずテレビを見る」というのはストレス解消かもしれませんよ。

ステップ2

そして、そこから「どうしてそれが幸せなのか、好きなのか」、その理由を分析してみましょう。

ステップ3

「私は『　　　　　　　　　　　　　　　　』していると幸せな人」と書いてみてください。

幸子さんはどうなりましたか？

――実は学生時代、演劇部にいたんです。女優になれたらな〜、なんて思ってました。顔がコレなので諦めちゃったんですが……。

あら、ステキじゃないですか。どうして、演じるのが好きなんですか？

――初めは、注目されたい！　とか、きれいな衣装を着たい！　とか思っていたんですけど、自分以外の人になりきって、そしてお客さんが笑ったり悲しんだりしてくれるのがうれしかったんですね……。

なるほど、分析してみると、幸子さんは、「演じて、人を感激させるのが好き」なわけですね。だとすると、幸子さんは「私は、演じて、人を感激させるのが幸せな人」となります。

幸子さん、あなたは自分が「人を感激させるために生まれた」って、考えられませんか？

――ええーっ、そうでしょうか？

だって、幸子さんは、一日中パソコンに向かっていたら、つまらないですよね。

――……ハイ。

それは、幸子さんの生きがいにマッチしていないからです。

でも、たとえば営業職や販売員になって、その表現力で商品を使うとどんなにすばらしいのかを実演したり、心を込めて説明して心を動かしてもらったら、自分も楽しいし、売り上げも上がるし、やりがいもあるんじゃないでしょうか？

――考えたことなかったですけど、もしかすると、そうかも……。

仕事を替わるとか、そんなに大きく構えなくても、人と会う時に何か演出を考えるとか、仕事相手に、ちょっと感激させるような工夫をするとか……。

どうですか？　得意なことを日常に生かせたりしませんか？

――そうですね……。「自分が好きなこと」というのは、特別な時にしかできないって思い込んでいましたけど、違うんですね！

そうなんです！　ほかにも、たとえば「私は人を喜ばせるのが幸せ」な人だったら、料理を作ったり、アクセサリーを作ったりと、得意なことを披露するのでもいいですし、笑顔やほめ言葉だったら、今の仕事の中でもできますよね？　できることの選択肢が広がるのです。

「自分が何をすると幸せな人か」

それをちゃんと知っていると、それを生かせることを、日々の中で探してやってみたり、見つからなかったら、それを発揮できる場所を探してみるのです。

これが幸せに生きるのにブレないコツです！

それを知ったうえで、「自分がやりたいこと」を考えてみるのです。

夢の実現チェックは、「行動したいか」「今もしたいか」「ほかにもっとしたいことはないか」です。

それがたとえ「女優になる」というような高いハードルであっても、自分が幸せで、やりたいことだったら、それは叶います。

「大変でもやってみるぞ！」という気持ちになれば、劇団の資料を取り寄せたり、オーディションを受けたりして、実際にその一歩を踏み出すことができますよね。

でも、ステキな女優さんを見て「お金がたくさんもらえそうだし、目立つからいいな」というような「人まねの夢」だと、勇気を出しても行動する！　というがんばりが長続きしません。それは自分の才能を生かすことでなくて、「ただの憧れ」に過ぎないからなのです。

——がんばれない時って、心からやりたいことじゃないからなんですね！

機嫌よくやると結果はもっとよくなる

今まで、「プリンセスハート」についていろいろお話ししてきましたが、まとめると**「プリンセスハート」というのは、自分が受けとっているものに気づいて感謝する心。**

そしてそれを知っているからこそ、できることをしていこうとする心です。

一国のプリンセスやお金持ちのプリンセスも、スケールが大きく見えるだけで、基本は同じなんですよ。だから、私たちも自分が得意で幸せなことをちゃんと知って、それを発揮していたらプリンセスになれるのです。

でも才能というのは、芸術とか、お金儲けとか、すごい成果を挙げるものだけじゃありません。

一番の才能というのは、**「小さなことでも、それをずっと続けること」**なんです。

たとえば家事。

人によっては、「時間をかけて食事を作ってもすぐに食べてしまうし、部屋を片付けてもすぐに汚れるし、服は洗って干してたたんでも、すぐにまた洗っての繰り返しだし……」と、「やっても評価されない、実りのない仕事」と思っている人もいるでしょう。

確かに、外の仕事は成果が分かるし、お給料ももらえますから評価されやすいですよね。一方、家事は、お給料はもらえないし、「やって当たり前」と思われるところがあります。

でも、食事を作ることは、命を育《はぐく》むこと。部屋を掃除したり、洗濯したりするのは、自分や家族が居心地よく生活するためにやっていること。つまり、すべて「イイコト」なのです。

「イイコト」は、貯金ができるんです。ただし、それは銀行にでなく、天に貯金されます。そして、貯めておくと運用されて、利息がついて還ってくるのです。

評価されなくても、その「イイコト」の積み重ねを、毎日毎日続けていたら、膨大な貯金になっていくのです。

——私だったら、「あーあ、こんなこと、イヤになっちゃうな」って言いそうです……。

残念〜！　そうしたら、貯金はゼロになってしまうんですよ。せっかくそんなにイイコトをしているのに、もったいない！

でも、「ああ、これも、人のためになることをやってるんだな。天への貯金になっているんだな」という気持ちで、**快く、機嫌よくやっていたら、イイコトは5割増しになって還ってきます！**

取るに足らないような、つまらないと思える仕事でも、誰かがやらなければいけないことであれば、それはもちろん「イイコト」です。

人が見ていなくてもいいのです。**小さなことも心を込めてニコニコやっている人がいたら、目には見えないけれど、人よりもっと大きな力がある存在が、応援したくてたまらなくなるのです。**

また、小さいことでも一生懸命やっていたら、それがだんだん上手になって得意になっていきます。すると、知らず知らずのうちにレベルの高いことができるようになって、その自分のレベルに合ったチャンスやご縁が、引き寄せられるようになるんですよ！

逆に、**一番損なのは、「こんなことやってもつまらない」と、動かないこと。**

動かなければ自分の力に全くならないのです。応援もされません。

どんなに小さなことや、こんなことつまらないと思うようなことでも、**それが自分の前に現れたということは、心の深いところで、「自分にはこれをやることが必要」と引き寄せたということ**でもあるのです。

だから、逃げないで、やってみましょう。「やるのがイヤだな～」と思ったら、こう唱えてください。

「動かないと、もったいない！」

そして、プロセスを楽しみましょう。

たとえば、掃除。

「こんなこと、誰でもできるのに、なんで私が……、ブツブツ」とやる人。

「キレイになったら自分もみんなも気持ちがいいものね」とやる人。

「どうやったらピカピカになるか追求しちゃおう。ついでにあっちもやっておこう！」とやる人。違いははっきり分かりますよね。

――ブツブツ言いながらやっていたら、せっかくイイコトをしているのに、もったいないんですね？

そうです！　でも、清々しい気持ちでやっていたら、自分の貯金になりますし、スキルアップを目指していたら、掃除のプロになって、それが副収入になるかもしれません。そのうえ、見えない応援だってもらうことができるのです！

どうせやるなら、プロセスを楽しんでやりましょう。それがやがて自分の力となり、生きがいにつながっていくこともあるのです。

ちょっとイヤなことをやる時には、この言葉を言ってみてください。

「やってみよう！」

やってみないと、それが本当にイヤかどうかも分かりません。

最初苦手だったことのほうが、より一生懸命になるので、最後は一番得意になったりすることもありますよね。苦手なことが一番の才能だと気づいたりもするのです！

動かないと、もったいない

あなたがもし、ハワイ旅行に行ったら、きっと限られた日数の中で、朝から晩までめいっぱい観光したり、遊んだりしますよね？

人生だって、ハワイ旅行と一緒です。せっかく体をもって今の時代に生まれてきたのですから、使い倒して経験し倒さないともったいないです！

人に喜ばれること、自分がやって幸せなことは、自分の長所である才能です。もっともっと使いましょう。

では、宿題いきますよ。

宿題　昨日と違うことを３つ、しばらくやってみましょう。

挨拶でも、机の上を拭くのでも、お茶碗を洗うのでも、自分の夢を叶えるために必要なことでも、なんでもいいのです。

まず、「動いて」みましょう。そうすれば、動くことでどれだけ効果が上がるかが分かりますよ。

前に、「人生はビリヤード」というお話をしたのを覚えていますか？　生きることとは、自分の心と体を使い、周りに働きかけること。才能はそれをやりやすくするために授かったもの。たくさん使えば使うほど、たくさんの経験ができます。

そしてあなたが動けば、自分の知らない世界までもその影響で動いていくのです。だから、**楽しくうれしく、分かち合えば分かち合うほど、たくさんの楽しくてうれしいことが還ってきます。**

プリンセスが輝いているのは、自分の使命と役割を心得て、そのために喜んで行動しているからです。

自分を生かして、人生をたくさん、楽しみましょう！

※

幸子さんはドキドキしていました。

自分が高校生の文化祭の時に初舞台を踏んで、とちってしまったけれど、劇の最後には、お客さまが食い入るように舞台を見、そして涙してくれているのに、ものすごく感激したことを思い出したのです。

自分がしたいのは、伝票やデータと向き合うことではなく、人と交わって、人の心を動かすことだった、と気が付きました。

だから、昨年の組合のイベントの時も、準備はあれこれ面倒くさかったのですが、当日の司会はノリノリで楽しく、それを工藤さんに見込まれて、今年も誘われたのです。

それに、今日、「いつもありがとうございます！」と電話のたびに言ったら、喜ばれたように、動けば動くほど、イイコトはやってくるのです。

「プリンセスは骨惜しみしない。動かないと、もったいない！」

落ちていたカンを拾って、ゴミ箱に入れました。

「これも、動いてイイコトをしたことなのかな？」

なんだか楽しくなる幸子さんです。

処方箋

第8日

・「自分が何をすると幸せな人か」知る
・「イイコト」の積み重ねが、天の貯金になる
・どうせやるなら、プロセスを楽しんでやると、やがて自分の力となり、それが生きがいにつながることもある
・楽しくうれしく分かち合えば分かち合うほど、たくさんの楽しくてうれしいことが還ってくる

魔法の言葉

「動かないと、もったいない！」

「やってみよう！」

8日目の宿題

昨日と違うことを3つ、しばらくやってみよう

第9日

人が与えてくれるもの

9th lesson

「はぁー……」

幸子さんは思わずため息をついてしまいました。

「何かあったの？」

先生がハーブティーを出してくれながらたずねます。

「実は、同じ部の人が、私の悪口を言っているのを聞いちゃったんですよ。『近ごろ、幸子さんって、やけにいい人ぶってわざとらしくない？』って」

「あら」

「彼女のことは前からちょっと苦手だったんですけど、ここに通うようになってから、挨拶とか笑顔とか心を込めるようにしていたんですよね。でも、こういう言い方されちゃうと、なんだか悲しくなります……」

そんな幸子さんに先生が微笑みました。

「慕われるプリンセスは人付き合いも上手ですよ。今日は、人間関係をスムーズにするプリンセスハート、**苦手な人も上手に許せる**です！」

イヤな相手は「マイナスの恩人」

人に好かれたい、うまくやりたい。そう思うのは人の常です。

だから、イヤーなことを言われると、とたんに、その相手を嫌いになったり責めたくなりますよね。

けれど、「イヤなこと」というのは、人と接している以上必ずあること。

なぜなら、リンゴが好きな人とミカンが好きな人がいるように、人はそれぞれ感じ方が違うからです。

何人かいて、「果物を1つだけ選びましょう」という時に、「リンゴじゃなきゃイヤ！　これで決まり！」という人の意見に決まったら、ミカン好きの人はちょっとイヤですよね。

「ミカンのほうがいいのに、勝手に決めて」と、「自分の考え」に沿わないことがあると、人はイヤな気持ちになるのです。でも逆に、あなたが「ミカンにします」と決めてしまったら、リンゴ好きの人はイヤな気持ちになるでしょう。

人はそれぞれ価値観が違うのですから、それはしかたがないことなのです。

イヤなこと、というのはどういうことでしょう。

それは「自分の思いどおりにならなかったこと」と、「自分の価値観と違うことを言われたこと、押しつけられたこと」ではないですか？

価値観というのはつまり、「こうあるべし」という自分のこだわりのことです。

自分にとってイヤなことが起こる理由の一つは、「自分のこだわりを見直しなさい」という変化をうながすサインなのです。

リンゴに決まってイヤだなぁ、と思ったのなら、「あぁ、私はミカン派っていうこだわりがあったんだなぁ」と気づくことができるのです。

では、イヤな人と会った時に、それを上手に受け流す方法をお教えしましょう！

Work

イヤな人に会ってしまった時の対処法

ステップ1

イヤな人に会ったら、「何よー！」と思って、相手を責める前に、「あっ、これは自分へのサインだ！」と思ってみましょう。

ステップ2

これは、自分のこだわりに気づけということ。「自分と相手のこだわりが何か」考えてみます。

サインがきたということは、自分がこだわりを変えるか見直すかしてみる時がきたということなのです。

それで、「リンゴもいいかも」と思えれば、それは自分の幅を広げることになります。

でも、「どうしてもミカン！」と思えば、自分と相手は、価値観が違う、と思えばいいのです。

ステップ3

そして、そのことに気づくことで自分を見直してみるのもよし、それでも自分のこだわりが大切ならば、それもよしです。相手を自分と同じ価値観にしようとして、それが叶わないことがストレスになるのです。

「そういう考え方もあるよね、オッケー！」

相手を責めて、相手の変化を求めるかわりに、自分が相手を受け入れてみまし……**よう。**

——そっかー、相手に「こうしてほしい」と思ったことが叶わないからムカついちゃうんですね！

そうなんです。ちなみに、イヤな相手というのは「マイナスの恩人」なのです。**「マイナスの恩人」とは、わざわざイヤなことをすることによって、私たちが気づく手伝いをしてくれる人のことです。**

マイナスの恩人は、その場は「とってもイヤな人」なのですが、長い目で見ると、この出会いがきっかけで自分のことを見直したり、新しいことにチャレンジするといった自分の方向転換のきっかけになってくれているんです。

だからイヤな相手に会ったら、「何か気づかせてくれているのかも」と、避けずに受け入れてみるようにできるといいですね。

世界は大きな洗面器の中の水

「世界は、大きな洗面器の中の水のようなもの」と言うと驚いてしまいますか？
イメージしてください。洗面器の中の水を、「あっち行け、あっち行け」と向こうに押しやると、その水はどうなりますか？

――また戻って、手元に流れ込んできます。

そう。イヤな人も、イヤなことも、**「あっち行け、あっち行け」と思えば思うほど、寄ってくるのです。**

「あの人に会いたくないなぁ」と思う時に限って、会ってしまったことはありませんか？　これは、「イヤだ」と意識を集中することで、逆に共鳴して引き寄せているのです。逃げれば逃げるほど、やってくるのです。それは避けたいですよね。

逆に、イヤなことを遠ざけるには、それも水で考えればいいのです。洗面器の水を、手元に引き寄せれば引き寄せるほど……、どうですか？

――あ、手元から向こうに行ってしまいます。

だから、**イヤなことが起きた時は、「なるほど、気づきました。了解です」と、逃げずに受け入れるのが、逆にそのできごとを遠ざけるのに有効**なのです。

さしずめ、幸子さんが悪口を言われたことだったら、「私の変化を認めてよ」というこだわりがあったのを、逆にけなされたので、イヤな気持ちになったんですよね。

――うーん、認めたくないけど、そうですね……。

そうしたら、まず、自分にはそういうこだわりがあるのを認めること。そして相手にも「人の変化を好意的に見たくない」というこだわりがある、ということも認めましょう。

だから、**「それぞれ個性が違うのね」、と、相手をありのまま受け入れれば、それでオッケー**なんです。

――なるほど、こだわりに気づかないと、「なんで分かってくれないの？」って、また意識するから、かえって引き寄せちゃうんですね！

百パーセント好かれるのは無理

けれど、どうしてもウマが合わない、苦手な人もいます。でも、それもしょうがないのです。

あなたがミカン好きなら、どうしてもリンゴを1番にできないように、逆にミカンを1番にできない、どうしても「合わない」という人はいます。

そのときは、**「80対20の法則」**というのがあるんだ、と思ってください。

「80対20の法則」とは、「会社の20％の人が、全社の80％の収益をあげていて、残りの80％の人は20％の収益しかあげていない」というような、経済の世界でよく使われる法則なのですが、これに則《のっと》りましょう。

「自分を好きな人が80％でも、自分をどうしても好きになれない人は20％必ず存在する」と思ってみるのです。

そして「その20％の人が80％の痛さで自分に接するから、イヤな人と会うのは辛い。でも、それは自然の摂理なんだ」くらいに思っておくのです。

自分でも、どうしても合わない人、好きになれない人というのも20%くらいはいると思いませんか？

——確かにそうですね！

だから、「自分だってそう思われて当然、しょうがない」と思っていればいいんです。

逆に、そういう人と会ったら、「あ、この人は20%の人だから、これから会う私の苦手な人が1人減った」くらいに思っていればいいんですね。

どんなに優れた人でも、「聖人ぶっているところがイヤ」と思う人だって必ずいるんです。100%の人に好かれるのは不可能なんですよ。

一番大切なのは「自分らしくあること」です。

「着るものにはこだわらないけど、ネイルだけはいつもカンペキ」

そういう自分らしいこだわりがイイ！　と思っていたら、それでいいのです。

「あの人、服はいつも適当よね」と陰口をきかれても、放っておけばいいんです。

「そのネイル、どうやっているの？」と、ちゃんと、あなたのこだわりに共鳴する人がやってきますから。

「類は友を呼ぶ」

自分らしくあれば、それにふさわしい人やできごとがやってくるのです！

イライラを手放す方法

たとえば、買い物の列に並んでいたら、自分の前に横入りされたとします。

それは、常識外れで失礼だし、ムカツクことです。「相手を責めたい」という感情が湧き上がってきますよね。

——それはそうですよ～！

そんな時、「ああ、私は『順序を守るべき』っていうこだわりがあったのね」と気づいても、ムカムカするのはおさまりません。

「あの人は急いでいたのね、オッケー！」と思おうとしても、自分に落ち度や、気づく点があるならまだしも、「当然守るべきことをやらない」相手には、そうそう思えないものです。でも、それこそがワナなのです！

「ムカムカ」「イライラ」というのは、一瞬でも味わわないほうがいい感情なのです。

なぜならこれを感じると、共鳴引力で、もっとムカムカやイライラすることがやってくるからです。こんな時に、誰かと接すると、その相手も共鳴して、ムカムカ、イライラが増幅してしまいます。

こだわりを認められない時。それは、「求めているものがある」ということです。この場合は、「順序は守って当然」という道理を求めていますね。

でも、相手も、「急いでいるから、ちょっとだけ許して」ということを求めているわけです。

トラブルというのは、お互いが、「求めているもの」を「綱引き」していることです。

綱引きをすると、勝ち負けが生まれます。

勝った人は、自分の求めているものを得られるので満足ですが、負けた人は得られなかったので不満を感じますよね。

順序を守るのは、社会的なルールです。こっちのほうに理があるのです。

でも、勝ちを譲って、それをあえて手放してみましょう。

自分の優しさを「あげて」みるんですね。

相手が年上の人ならば、「私のほうが若いんだから、譲ろう」と思ってみる。

年下の人ならば、「未熟なんだから、見守ろう」と思ってみる。

プリンセスというのは、「責めてもいい時」に「許す」ことができる心の広さがある人のこと。

だから、自分のほうに当然の権利があるのに、あえて譲れる自分を、

「私って寛大！　さすがプリンセス！」

とほめてみましょう！

「求めているもの」に気づくのは、イライラを解消する大きなポイントですよ。

だから今日の宿題は……

宿題

イヤなことがあったら、
自分は相手に何を求めているかに気づいてみましょう。

同僚があなたに厳しく当たるなら、「私は優しさを求めているんだ」と気づきます。仕事をけなされたなら、「私はほめられたいんだ」と気づきます。

気づいたら、「どうして優しくしてくれないの？」と求めることもできますが、それはストップしましょう。綱引きになってしまいますから。

そこで、**「まぁいいや」**と、「許して」みましょう。

――えー、それじゃすみませんよー！

そういう場合もありますね（笑）。そんな時は、ムカムカを我慢しているのも体に悪いので、**紙に自分が思っている感情を、思いっきり書く**ことをお勧めします。

言葉に出してしまうと、それが自分に還ってきてしまいます。でも、頭でずーっとイヤなことを考え続けるのも体に毒ですから、頭の中身を紙に写すような感じで書いてしまうのです。

そうすると、書いているうちに、だんだん感情が整理されてきたり、落ちついてきたりするんですよ。書いたら、その紙は破り捨てて、そのことは忘れてしまいましょう。

忘れるのは、一番簡単な「許す」方法です。

綱引きをすることで自分の心やこだわりに気づいたら、あとは忘れてしまえばいいんです。

たいてい、自分がひっぱりたいものは、自分のプライドなんですよね。

――うー。それは分かる気がします。

プライドやこだわりよりも、「しなやかさ」をもつほうが、人生、とらわれず軽やかになれると思いませんか？

誰だって相手のせいにするほうが気が楽だし、自分のほうが正しいと思いたいですから、どうしても嫌みの一言でも言って責めて、謝罪を「欲しい」と思ってしまいます。

けれど、それは相手の「気づき」になるかもしれませんが、わだかまりのきっかけになることもあります。

あなたが何も言わなくても、その人のまいた種の結果は、その人が刈りとることになるのです。

だから、あなたは自分の優しさをあげて、そんな自分をほめてみてください。

それに、人は機嫌によっても左右されやすいものです。

空でいくら太陽がさんさんと輝いていても、雲が出れば曇りや雨になります。「いつも晴れ！」なんてありません。その人はたまたま「今日は曇り」だったのかもしれません。

その時1回のことで、その人を丸ごと判断してしまうのはもったいない。「晴れ」の日のその人は、ぜんぜん違う顔を見せてくれるかもしれませんよ。

人と人の間で成長するから「人間」

人は、人と人の間で、喜んだり悲しんだり怒ったりうれしがったりして、たくさんのことを経験するのが必要だから「人間」なのです。

「傷つくのが怖いから、人と交わるのがイヤ」。そう思うこともあるかもしれません。

けれど、**自分がもっているものを、人に発揮すれば、自分一人で自分を喜ばせる何倍もの喜びが生まれ、それは周りに波及していく**のです。

動いて、人と交わって……、それが自分の喜びをもっともっと膨らませることになるのです！

※

幸子さんはスッキリした気持ちでアカデミーをあとにしました。

「みんなから良く思われたい」なーんて、ずうずうしかったと、気づいたからです。

いろいろな個性があって当然。そして、合わない苦手な人がいるからこそ、気の合う仲間との和気あいあいの楽しさもよく分かるのです。

「いろんな人がいるから、毎日変化があって、きっと楽しいんだろうな……」

だんだんそう思うようになってきた幸子さん。

イイコトがあったら、楽しい。でも、イヤなことも変化を起こしてくれる楽しさの種……そう考えると心に余裕のあるプリンセスになれそうに思えてきます！

処方箋

第9日

・「マイナスの恩人」とは、わざわざイヤなことをすることによって、私たちが気づく手伝いをしてくれる人
・世界は、大きな洗面器の中の水のようなもの
・大切なのは「自分らしくあること」
・「責めてもいい時」に「許す」ことができるのがプリンセス

魔法の言葉

「そういう考え方もあるよね、オッケー！」

「私って寛大！　さすがプリンセス！」

9日目の宿題

イヤなことがあったら、自分は「何を求めているのか」に気づいてみよう

第10日

不満こそ、
幸せへのチャンス!

10th lesson

「難しいです〜」

アカデミーに来た幸子さんは、開口一番、泣き言でした。

「あらあら、そう言うと、難しいことを引き寄せて、難しいことがもっとやってきちゃいますよ」

「でも、先生、例のあの人に、手が回らなくてちょっと掃除を頼んだら、『あら、幸子さんがやればいいのに。この前だってほめられてたじゃない』なんて言うんですよ。なんてイヤミ！　私がそれで気づくのは、『あの人がイヤミ』ってことだけ。イヤな相手を認めたり許したり、優しくしてあげたりってなかなかできませんよ〜！」

先生がニコニコ笑います。

「それはそうですよ。たった1日なんですから。でも、プリンセスハートをもつと、**不満を「幸せの種」に変えることができる**のですよ。難しいけれど、諦めず、一緒にチャレンジしてみましょう！」

不満を感じる時というのは……

「不満を感じる」というのは、「自分が求めていることが得られないから」です。

自分がどうしてもできないから「掃除をお願いね」と頼んだのに、やっていないと不満を感じますよね。

「自分ができないから頼んでいるのに、なぜ？」
「手が空いている人がやるのが当然なのに、何で？」
「私のことが嫌いなの？」

いろいろ考えてしまいます。

――そうですよ！

「掃除をする」ということを求めていて、得られなかった。
「手が空いている人がやるのが当然」という常識を求めて、得られなかった。
「自分への好意」を求めて得られなかった。

たくさんの得られないことがあったので、不満を感じるのですね。

不満と同じく、怒りも落胆も、得られなかったから。

「こうしてほしい」という期待を裏切られたからなんです。

自分があげる側に

ということは、不満を感じなくするには、いくつか方法が考えられます。

○その１　「ほしい」と思うのをやめる

「掃除をしてほしい」と思うのをやめるのです。頼むことをしなければ、そうならず不満を感じることもないのですから。

○その２　許す

けれど、自分ができることにも限度があります。そういう時は頼みますよね。その時は、**「してほしいけど、できなくてもしょうがない」**と思うわけです。

掃除してなくて、ぐちゃぐちゃのまま。でも、「できなかったら、しょうがない。いいよ～」と「許す」わけです。

許すということは、自分の優しさを「あげる」ということです。

○その3　求めているものを「あげる」

何をあげていいか分からない時は、**自分が相手に求めているものを、そのまま逆に「あげる」**のです。

掃除をしてもらうことで、幸子さんは相手に何を求めていましたか？

本当にそれだけ？

――……キレイにしてもらうこと。それで職場の雰囲気がよくなることです。

――本当は……、悪口を言ったあの人に、イヤがる掃除をさせてやりたかったんです……！

いいんですよ。そういう気持ちは、誰にでもあります。でも、こちらが「求めて」いることを相手がやらなかったら、もっとストレスがたまりますよね。

だからそういう時は、「イヤがることをやってほしい」と「求める」かわりに、自分が先に掃除してしまって、「イヤがることをやってあげる」といいのです。

自分がほめられることを「求めて」いたら、こっちからほめて「あげる」。

好かれることを「求めて」いたら、こっちから好きになって「あげる」。

――でも、「なんで私のほうからしてあげなきゃならないの？」って思っちゃいますよ……。

そうかもしれませんね。でも、**そういう人に出会ってしまった、ということは「自分があげる側になる」という訓練をする時期がきた**ということなんですよ。

プリンセスのような高貴な人、特権のある人というのは「人の手本になる」という社会的な役割が求められているものです。

だから「プリンセスになる！」と決めたからには、そういうふるまいを身につけるようトライしてみませんか？

ですから、訓練だと思ってやってみてください。そうすると、**「人は、求めずに与えてくれる相手には、だんだん好意的になる」**ということに気づくはずです。

――確かに、やってもらってばかりの人には、「こっちも何かしたい」という気持ちに、自然となりますよね……。

そうなんです。いいたとえ話がありますよ。

「北風と太陽」という話を知っていますか？

寒い国で、コートを着た旅人が歩いています。それを見た北風と太陽は、「どちらが、あの旅人のコートを脱がせることができるのか」という勝負をすることにしました。

まずは北風の番。

北風は、冷たい風をびゅうびゅうと吹きつけ、旅人のコートを剝《は》ぎ取ろうとします。旅人のコートのすそは高く舞い上がりますが、旅人は寒くてたまらないので、ますます襟元をぎゅっと握って、しっかりとコートを押さえるから、結局北風はそのコートを脱がすことができませんでした。

次は太陽の番です。

太陽は、自分の暖かさをじわじわ〜っと強めました。そうすると旅人は暖かくなって、襟元を押さえる手を緩めます。そして、さらに暖かくなったので、旅人は暑くなってコートを自分から脱ぎます。それで太陽が勝った、というお話です。

これは、旅人からぬくもりを「奪おう」としても逆効果。そうでなくて、ぬくもりを「与えた」ならば、旅人は自分からぬくもりを分かち合うようになったこと、とも考えられませんか？

奪われそうになったら、守ろうとするものです。でも暑くなるくらい暖かさをもらったら、イヤでも脱ぎたくなりますよね。人も同じで、たくさん自分が受けとっていたら、自然と与えたくなるものです。

不満がいっぱいな人は、自分から奪われていると思っている人なのです。だからそういう人には、自分から「あげたい」と思うくらいプリンセスの優しさをたくさんプレゼントすると、やがて変わってくるでしょう。それに**「あげる」ことは「失う」ことではなく、やりがいを「得る」こと**でもあるんですよ。

問題は必ず乗り越えられます

また人は、すぐに幸せに慣れて、傲慢になってしまうものです。

最初は、大好きな彼氏にファミレスでご馳走してもらっても「うれしい！」と思っていたのに、それに慣れると「もうちょっといいところで食べたいなー」と、その上を求めたくなってしまいます。

――うっ、覚えがあります……。

そんな時に「オレにはやりたいことがあって、あんまりデートにお金を使えないんだ。それでお前を幸せにできないんだったら、申し訳ない。オレたち、どうする？」と言われるとします。

ガーン！　突然、破局の危機!?　ですね。でもその時に初めて、「私が求めているのは、彼の人柄なのか、それともご馳走してくれる人なのか」と、このことをきっかけにいろいろ考えるわけです。

そして考えた末に、「これからデートの時は、私がお弁当を作る！　夢を応援する！」と、「やってもらう人」から「やってあげる人」に変わるかもしれません。

人というのは、悪いことが起こらないと、変化しようとしないものです。

つまり、**変化する時期にきているからこそ、悪いことが起こる**とも言えます。

私たちには、素敵な応援団がついています。そして、ちゃんと必要なことしか起こらないようになっているのです。だから、**自分が対処できないような問題は起こらないんですよ。**

――そうですか？　毎日、対処できない問題が山積みのような気がします……。

あら。それでは、「あなたのお父さんが、誘拐されました。身代金1000万円です！」と言われたとします。どうしますか？

――まぁ、払えると思います。

では「1000万円です」と言われたらどうでしょう？　手持ちがなくても、親戚や友人にお金を借りて、なんとか……、と思うかもしれません。

でも、1億だったら？　10億と言われたらどうしますか？

――……額が大きすぎて考えられません。充分長生きしたと諦めてもらいます！

ね。額が大きすぎると、金策を考えることができなくなってしまうんですよね(笑)。

このように、人は、あまりにも自分からかけ離れたことは、「問題」として考えられないのです。

つまり、**「問題」に思えるのは、「自分でなんとかできるから」**なのです。

失敗も同じです。自分がそれで気づくことが必要だから。そして**自分で乗り越えられるから、それが起こる**んですよ！

では、この前の幸子さんのように、周りに大迷惑がかかるような失敗をした時の対処法をお教えしましょう。

Work

失敗しちゃった時の対処法

ステップ1

まずは、その失敗を味わいましょう。

ああ、やっちゃった。どうしよう、どうしよう……。胃が縮み、動悸《どうき》は激しく、目の前が真っ暗になるような最低な気持ちです。

でも、「起こることはすべて必要なこと」。自分にとって、そういう体験をするのが必要だから起こったのだと、ハラをくくって、そのイヤな気持ちを味わい尽くしてください。

ステップ2

次は「気づく」ことです。ものごとにはすべて、「悪い面」と「良い面」があります。悪い面ばかり浮かぶかもしれませんが、それと同じ数だけ、良い面があるのです。同じ数だけ探してみてください。

するとサポートしてくれた人のありがたさ、もっと大きな損失を出す前に気づくことができたラッキーさ……。そういうことに気づき始めることでしょう。

ステップ3

「気づかせてくれてありがとう！」と「感謝」しましょう。

起こらなければもっと「ありがとう」なのですが、起こらないこともありえたのに、起こったということは、意味があるからです。

また、苦しくても「ありがとう」と言うと、「ありがとう」なことが引き寄せられてきます。悪態をつくと、もっと悪態をつきたくなるようなことが起こりますから、注意してくださいね。

ステップ4

そして、できることを精一杯やりましょう。「やってもらう側」から「やってあげる側」になっていくのです。

……

そうして、気づくと失敗の泥沼から抜け出しているんですよ！

――そうですよね。この前は、「大丈夫、なんとかなる！」って、必死で動きました。そうしたら、かえってほめられたりもしたんですよ。

それは良かった！

これは、ひどい病気になった時なども同じです。

なんで自分がこんな病気に……、と思っても、「なるのも意味があったのだ」とハラをくくって、なったことの「良い面」を見つけ、そして感謝し、自分ができることを……。それが、笑顔を向けることや、小さな声で「ありがとう」と言うことでしかなくても、やり続けていくのです。

ここで注意するのは、「どうしてこんなことが起こったのか」と考えた時、周りの人や環境や自分を責めないこと。謝罪や責任を「求め」ても幸せにはなりません。**与えるものが受けとるもの**です。だから、「求める」のでなく「あげる」ようにしていたら、ラッキーの循環が始まるのです！

自分が苦しい状態にいる時、イヤなことを引きうけるのは、とても辛いことです。だから、どうしても周りを責めたくなります。では、宿題です。

宿題「苦しいことがあったおかげで、良くなったこと」を見つけましょう

イヤな人のせいで会社を辞めたらいい出会いがあった。ストレスが多かったので心理学の勉強をしたら人間関係全般が良くなった……。こんなふうに苦しいことが転機となって自分が成長したことは、いろいろあるはずです。

「自分がステキなプリンセスになるために、苦しいことがやってくるのだ！」とハラをくって、その時にできる限り一生懸命やりましょう。

自分に起こることを認めて、味わってみましょう。味わうとちゃんとおいしい味もしてきますよ。

不満は気づきのチャンスです。上手に対処して、ますます幸せになりましょう！

※

「なるほどなぁ……」

幸子さんは、自分が人に「求めて」いたことを考えてみました。

よく思われたい、好かれたい、楽をさせてほしい……。

逆にすると、相手をよく思う、好きになる、楽になるようにしてあげる。

「うーん、ハードルが高い！」

でも、それだからこそ「レッスン」なのだし、悩むということは、自分が越えられるところにあるから、ということです。

「うー。チャレンジさせてくれてありがとう！　かな？」

ハッピープリンセスになるための、ハードルを越えようとしている幸子さんです。

処方箋

第10日

・「不満を感じる」というのは、「自分が求めていることが得られないから」
・変化する時期にきているから、悪いことが起こる
・「問題」に思えるのは、「自分でなんとかできるから」
・「求める」のでなく「あげる」ようにしていたら、ラッキーの循環が始まる

魔法の言葉

「気づかせてくれて、ありがとう！」

10日目の宿題

「苦しいことがあったおかげで、良くなったこと」を見つけよう

第11日

人生損をすることなんてないのです

11th lesson

「ああ……」

幸子さんが、ため息とともにアカデミーに入ってきました。

「どうしました？」

「また貧乏くじを引いてしまいました……」

やって「あげる」と、共用場所の掃除をしたら、「いつもやってくれ」と、業務に組み込まれてしまったのです。仕事が増えてしまいました。

「なんだか、プリンセスというより小間使いになっているような……」

先生がポンッと背中を叩きました。

「何言っているんですか。できることをすればするほどプリンセスらしくなると知っているくせに。プリンセスハートのもち主は**「損」を「徳」に変えて、どんどん幸せになる**のですよ！」

損はすればするほどいい？

誰でも、損はしたくないですよね。お金が減ったら寂しいし、手間が増えるのは避けたいものです。

けれど、実は、**「損」なんてないのです。あるのは、「トクすること」と「もっとトクすること」の2つだけ。**

――ウソー、まさか！　私は貧乏くじばっかり引いてますよ！

いいえ、本当ですよ。それがなんでか分かりますか？

「やったことが還ってくる」という法則がありますね。

これに則れば、**「イイコトをすれば、イイコトが還ってくる」**ということになります。

では、20万円のお給料をもらっている人が25万円分の働きをしたとします。

その時は「あーあ、5万円分もタダ働きしちゃった。損したなぁ」と思うかもしれません。けれど、あなたが「損をした」ということは、「得をした」人がいるということです。この場合は、会社です。

つまり、あなたは会社に対して、5万円分も、「得するイイコトをした」ということになるのです！

ということは、イイコトをすれば、もっとイイコトが還ってくるのですから、あなたがやった5万円分は、キャッシュでは手に入らないかもしれませんが、**その後の仕事運、金運や出会い運を上昇させることができる**のです！

他のことでもそうですよ。

買ったほうれん草がよく見ると傷んでいた。「やだ、損した！」と思うかもしれませんが、**他の人が損するのを肩代わりしてあげた、というのは「徳」**なのです。

Work
宿題 &

自分が損をしたと思う時、誰に得させて徳を積んだか、考えてみましょう！

幸子さんは、掃除をすることになりました。その場合、自分の時間や労力を損すると思うかもしれません。でもそれは、他の人の時間や労力を得させたこと。

さらに「人がやりたがらないことをやる」というのは、すばらしい徳なのです。

つまり、**損をすればするほど、徳を積んだことになり、天に貯金をすることができるのです！**

でも、せっかく損を引きうけたのに、それが貯金にならず、ただの損になってしまう場合があります。どんな時かというと、**「文句を言ってしまった時」**です。

5万円分も余計に働いたことを、「いやぁ～、よく働いた、天にいっぱい貯金したなぁ～」と楽しく考えていたら、それは早い時点で還ってくるでしょう。けれど、「5万円分も損しちゃった……」。そう言ってしまったら、それは「本当の損」になってしまうのです。

さらにその時、「なんでこんなに私ばっかり損なことしなきゃならないの？」と言ってしまったら、さらに損を引き寄せてしまいます。

損をしたと思った時は、すかさず**「これは、誰にイイコトしたかな？」**とつぶやいてみましょう。そして、**イイコトをした自分をほめてください。**そうするとそれは損ではなく、天への貯金に変わっていきます。

ただ、「イイコトをやったからイイコトがやってくるはず！」と肩に力が入ったり、「早くいいことが！」と焦ると、イイコトが怖がって寄ってきません。

「イイコトやったから、そのうちイイコトがくるかも～」と、**楽な気持ちで、楽しんで損を引きうけていたら、どんどんイイコトが押し寄せてくる**んですよ！

ラクできて、トクしちゃったら

――じゃ、逆に、20万円のお給料なのに、15万円分の働きしかしなかった場合はどうなんですか？　ラクできてトクしたわけじゃないんですか？

そのとおり！　「やったー、儲かっちゃった！」と思うかもしれませんが、それはその場限りのこと。

5万円分、あなたは会社に借金をしたのと同じ。大きく考えると、**天に借金したことになり、そのぶん運を損してしまった、**ということになってしまうのです。

お店でお釣りが間違っていて、多くもらったとします。「トクしちゃった～」とホクホクするかもしれませんが、これも同じことなんですね。

だから、そういう時は、すぐに申し出たり、イイコトをして借金を返すほうがいいのです。

前々からイイコトをし慣れている人が、「あっ、イイコトが還ってきた！」と思うのならばいいのです。

けれど、思い当たるようなイイコトをしていないのに、やけにトクすることがあったら、それは要注意です。それにあぐらをかいていると、先々、リストラとか、「ええーっ」と思うようなことが起こることもあるんですよ！

――そ、それはイヤですね～！

プリンセスらしいお金の使い方

お金は、イイコトをするための、とてもいいツールです。

昼食を食べるために、レストランでお金を使うとしましょう。お財布は少し軽くなりますが、おなかはいっぱいになり、午後に働く意欲も湧きますよね。それだけではなく、お店の収益となったわけですし、コックさんは、お客さまの笑顔を見て幸せになれたかもしれません。

あなたが「昼食をとる」という、**「自分のため」にやったことのように思えることでも、イイコトの輪が知らず知らずのうちに広がっている**のです。

物を買えば、自分が豊かになり、買った店も潤います。物を作っているところも潤うし、やりがいも生まれることになります。

けれど、ここにも落とし穴があって、**「損得・見栄」でお金を使うと、先々損をすることが多い**んですね。

「やけに安かったな、ラッキー！」と思ったら、すぐに壊れてしまったり、「デザインがちょっと気に入らないけど、普通に買うと高いブランド品のバーゲンだから」と買っても、使わずじまいで結局損をしたり、ということが起こります。

お金を使う時は、**「損得や見栄でなく、自分が本当にうれしいか」「これにお金を使うと、他の人も喜ぶか」ということを判断基準にすると、「生き金」になって、のちのち還ってくる**のです。

ご馳走をする、というのもステキなことです。

でも、その動機が「ご馳走したら、のちのち便宜を図ってくれるかもしれないから」というような下心や、「リッチだと思ってくれるかもしれないから」という見栄だと、すぐに見透かされてしまって、望むようなことは起こらないものです。

けれど、「日ごろの感謝です。一緒においしい物を食べようよ！」という自分の楽しい気持ちが伝わったなら、相手は、「あー、こんなにしてもらったから、何かでお返ししたいな」とか、「自分もいつか、ああいうふうに、気持ちよく人にご馳走できる人になろう」と自然に思ってくれるのです。

ちょっと高いものも、それが自分の活力になるならOK、ステキな生き金です。

けれど、自慢したくて買ったものなら、「見栄張っちゃって」と思われたり、「分不相応」と嫌みに感じられてしまったりするんですよね。

お金はとてもステキなものです。このおかげで、食べたり、買ったりして自分や人を喜ばせることができます。

お金がなくても幸せになることはもちろんできますが、お金があることで、さらに幸せの範囲を広げることもできるのです。だから、お金を使う時に、過度に罪悪感をもたなくてもいいんですよ。

――会社帰りに、つい喫茶店でケーキを一人で食べちゃうことがあるんですよね。そのぶん、家族にお土産でも買ってあげればよかったかな、と思いながら……。

それでいいんですよ。それによって自分が豊かな気持ちになって元気が出るなら。そして何か別の機会に家族にお土産を買えばいいんです。

そしてものを買うことに興味がなくなってきたら、今度はぜひ**自分を豊かにする**

ことをしていきましょう。

Work

**自分を豊かにすることとして
やってみたい習い事を考えてみてください。**

ぜひ、何でもよいので始めてみましょう。フラワーアレンジメントやアロマテラピーのように生活に生かせるものでもいいですし、語学や資格のようなものでも素敵です。子どものころやりたかったバレエなどを始めるのもいいでしょう。

初めは素人ですから、上手にできなくて当たり前です。

でも、小さな実践の小さな成果が小さな自信となり、その小さな自信の積み重ねが大きな結果になっていくのです。

日々成長する自分を感じるだけでも、毎日にハリが出て楽しくなり、周りの人への態度が優しくなります。そして、上手になって、自分も教えたりして分かち合えば、生きがいにもつながっていきます。

自分が何かやればやったぶんだけ自分が豊かになり、分かち合えるものが増えていきます。

そうすると、それが天への貯金となってたくさんのものが還ってくるし、たくさんのご縁も開けてくるのです。

「損しちゃったな」と思う時。「こんなに安いお給料でこんなに働いて」と寂しくなった時。そんな時、「なんで私ばっかり……」と言っていると、周りは同情してくれるかもしれませんが、天への貯金はできなくなります。

愚痴を言っても、どうせやらなきゃいけないことなら、**「これは、周りがトクになるイイコトをしているんだ！　イイコト貯金がたくさん貯まっているんだ！」と思って、よりニコニコして励むほうがおトク**なんです。

そういう人を、周りが応援したり、好きになったりしないわけがありません。

「イイコトをすれば徳になるし、損をしても徳になる」と思うのも「プリンセスハート」。

人生、損をすることなんてありません。

損したと思える時こそ、イキイキ励めば、これから先、幸せは降りそそぐようにやってくるんですよ！

※

「なるほどなぁ……」

確かに、仕事が増えて損したと思いましたが、他のことをスピーディーにやれば、10分くらいの時間は作れないことはありません。また、「小さなことをやる」というのはすごいことだと、前にも教わりました。

それに掃除を頼まれた時、「君しか頼める人がいなくてね」とも言われたのです。それは、幸子さんの人柄が見込まれたということ。才能を頼りにされたということです。

その時メールが着信しました。うれしいことに、南條さんです。でも、思い当たるような用事はないのにな、と思って読んでみると……。

『お疲れ様！　近ごろがんばってるよね。ちょっと話したいことがあるんだけど、会社だと落ちつかないから、今度の日曜、空いてないかな？』

なんと！　初めてのデートの誘いです!!

「こ、これって、掃除のイイコト効果？」

理想のプリンセスの条件、「素敵なパートナー」という願いが近づいているのにビックリする幸了さんです。

処方箋

第11日

・損をすればするほど、徳を積んだことになり、天に貯金をすることができる
・楽な気持ちで、楽しんで損を引きうけていたら、どんどんイイコトが押し寄せてくる
・お金を使う時は、「損得や見栄でなく、自分が本当にうれしいか」「これにお金を使うと、他の人も喜ぶか」ということを判断基準にすると、「生き金」になってのちのち還ってくる

魔法の言葉

「これは、誰にイイコトしたかな？」

11日目の宿題

自分が損をしたと思う時、そのぶん誰に得させて、徳を積んだか考えてみよう

第12日

「今」を生きましょう

12th lesson

南條さんからのデートの誘いを先生に報告していた幸子さんの表情が、あることを思い出して曇りました。

「先生、苦手なことを頼まれたんですが、これもチャレンジと引きうけなくちゃいけないですか？　実はスピーチを頼まれたのですが、気が進まないんです……」

「あら、幸子さんは人前で話すのは得意じゃなかったでしたっけ？」

「舞台とか司会はいいんですが、まとめて発表、というのは、前にすごい失敗をしたことがあって、とても苦手なんです。先日参加した会合の報告を、私が代表で話すことになりそうなんですけど、また失敗しちゃいそうで……」

先生がニッコリして言います。

「それはどうかしら？　私たちは日々成長しているんですよ。プリンセスハートをもつからには、**「過去」にこだわらず「今」を生きましょう！**」

過去にとらわれていませんか？

私たちは、「今」生きています。でも、実はあんまり「今」を生きていない、ということに気づいていますか？

――えー？　生きていないんですか？

今回、スピーチを頼まれましたよね。けれど、以前スピーチをした時に、緊張して声は震えるわ、原稿は飛ばすわで散々な思いをしたとしたら、また恥をかくのもイヤだし、迷惑をかけても申し訳ないので、「ちょっと遠慮させてください」と言いたくなります。

実はこの時、自分は「今」を生きていません。これは、**自分の「過去」の経験に縛られて、「今」を動けなくしている**のです。

スピーチで失敗したのは、過去のことです。自分はその時よりも時間を重ねて成長しているのですから、同じ自分ではないのです。

それに、その時の経験をもとに、もっと練習を重ねれば、今度は落ちついてできるかもしれないのに、過去に支配されて、やめようとしているんですよね。

――あー、なるほど……。

また、「今度、海外旅行に行こうよ」と誘われたとします。でも、行きたくてたまらないのに、貯金がないと先々不安だから、遊びは控えたほうがいいと思い、

「やめておく」と断ったとします。

これは、「未来」への不安に囚《とら》われて、「今」を生きていないんですね。

けれど、人生、先々どうなるかなんて分からないじゃないですか。明日、不慮の事故や天災が起こって、どうにかなってしまうかもしれないのです。その時、貯金がいくらあっても、もう使うことはできませんよね。

それに、旅行に行ったら、新たな出会いがあって、貯金を気にしなくてもいいような玉の輿《こし》のご縁に出会うかもしれないのです。

――あはは、いいですね！

日本人は、「備えあれば憂いなし」という慎重な国民です。

中学校に入ったら高校受験の準備、高校に入ったら大学受験の準備、大学に入ったらいい会社に入る準備、会社に入ったら出世する準備、退職したら老後の準備、最後がお墓の準備です。

準備、準備で、「今」を我慢してしまうんですね。

イソップ童話の「アリとキリギリス」は、アリは夏働いて、冬は豊かに暮らし、キリギリスは夏は歌って暮らして、冬は備えがなかったため苦しい思いをします。

でも、キリギリスが夏に、自分が好きでたまらない歌をたくさん歌って上手になっていたら、冬、アリにその歌を披露することによって、アリも素敵な音楽を聴けてうれしく、キリギリスもお礼に食べ物をもらって、幸せになることだってできるかもしれません。

幸せになるなら、未来のために今を苦しく我慢するよりは、今を楽しく過ごして、未来もその延長で楽しく過ごすほうがいいですよね。

過去に縛られて未来に囚われて我慢して生きるのも人生。

また、「やりたいことをやろう」と今の自分を生きて、もてる才能を分かち合って生きるのも人生です。

でも、どちらにしても行き着く先はみんな同じ、お墓の中なんですよね。

だったら、**過去に縛られず、未来に囚われず、やりたいことをやってみるほうがおトク**ではないでしょうか？

Work

あなたがまだ実行に移さず、温めている夢はなんですか？

あなたが小さいころに抱いていた夢。憧れたけれど、「才能がない」と諦めたことは何ですか？

すごく興味があるけれど、経済的や時間的な余裕がなくて、「どうせダメ」と諦めていることは何ですか？

それをリストアップしてみてください。

——そういえば「オーロラを見に行きたい」って思ったことがあります。会社もそうそう休めないし、お金もかかりそうだから無理だってすぐに思っちゃったんですけど……。

あら素敵じゃないですか！

昨日の自分と今日の自分を変えるのは、０・０１のプラスαの行動ですよ。自分にできる小さな一歩を、それを今日から実行に移してしまいましょう。

実際にツアーを探したことはありますか？

――いえ、ないんです。

だったら、インターネットで「オーロラを見に行くツアー」を探しましょう。まずはそれでOK！　それだけでも、世界は動き始めますよ。さらにパンフレットや画像を宝地図に貼っておくと、その情報を引き寄せてくれます。

「自分の店を開く」というのもいいですね。それが、趣味の雑貨の店だったとしたら、まずはイメージに近い店を見つけに回ってみる。そして見つけたら、店員さんに「素敵な店ですね！　また来ます！」と言うだけでも、世界は確実に変わっていくのです。

では、今日の宿題ね。

宿題

まだ、実行に移していない夢に近づくために、「今」、一歩行動しましょう。

夢は、「イメージして」「言って」「行動する」と、実現のスピードが加速します。

「今の行動」という「原因」がない限り、未来に「結果」は生まれません。習いたいこと、叶えたいことを、先延ばしにしていたら、永遠に叶わないのです。

やるのは「今」しかありません！

「楽しい」チャンネルに合わせるには

その時大切なのは、**「楽しみながらやる」**ということです。

なぜなら、**楽しんでいないと、楽しいことを受けとれない**からです。

空間には、目には見えませんが、たくさんの電波が飛んでいます。だから、テレビのチャンネルを「1」に合わせると、1チャンネルの番組を受信して見ることができるのです。でも、いくら電波が飛んでいても、チャンネルを合わせなければ、その番組を見ることはできませんよね。

楽しい時は、楽しくて幸せな電波を受信することができます。けれど、**「イヤだな」と少しでも思ったら、チャンネルが変わるので幸せな電波を受信できなくなり**

ます。いくら楽しさや幸せや豊かさの電波が降りそそいでいても、受けられないのです。

そんな時は、**「イヤだな」と思ったことの「良い面」を発見する**ようにしてみましょう。それでイイ気分になってきたら、また、「幸せの電波」を受信できるようになりますよ。

「イヤ」と少しでも感じると、幸せが止まってしまいます。なぜなら**電波は1つしか受信できない**からです。

ものごとの「うれしい面」「ありがたい面」、そういうところをゲームのように見つけられるようになると、どんどん、うれしくてありがたいことがやってくるようになるのです！

「カーナビ人生」のススメ

カーナビとは、車の行き先を設定したら、ルートを教えてくれる機械のこと。

もし、カーナビが「右に曲がってください」と言ったのに、それを無視してそのままっすぐ進んでしまったとします。

でもそんな時も、カーナビは、「あーあ。さっき曲がればよかったのになぁ」と後悔したり、「どうしてさっき曲がらなかったんですか？」と責めたりは絶対にしません。

決して過去を振り返らず、あなたを責めず、「次、右に曲がってください」と、その時点での最善のルートを探してくれるのです。

人生も、カーナビのように、起こったことは後悔せず、その時できる精一杯のことをやればいいのです。

ものごとは、必要だから、起こるのです。必要でなかったら起こるはずがないのです。

だから、過去にこだわりすぎなくていいんですね。

お気に入りのペンダントを失くしてしまったとしても、「あの時もっと気をつけていれば……」と悔やむことはありません。

本当にあなたに必要なら、必ず見つかります。

でも見つからなかったら、それはもう、役割を終えたということなのです。

あなたは、今の自分にぴったりな、新たなペンダントを探す時期だったのです。

または、失くしたペンダントが誰かに拾われて、そこで新たに役に立つためだったのかもしれません。

何か選択した時、うまくいかなかったら、こう開き直ってしまいましょう。

「このほうが人生が面白くなるから、後悔するほうを選んだんだ」と。

右に行くか左に行くか迷っても、最終的に行きつく先はみんな同じなんです。

楽々人生も楽しいでしょうが、波瀾万丈の人生も面白いものです。

後悔したりイヤな気持ちでいると、いいものを受信できません。

だから、そういう気持ちでいる時間は一秒でも減らして、いいものをたくさん受信していきましょう！

「忘れる」ことで未来がハッピーに

人に対しても同じです。あなたに今、大嫌いな人がいたとします。想像してください。

――同僚の彼女ですね！（笑）

さて。「あなたが記憶喪失になって、その人を初めて見た」としたらどうでしょう？

――……まぁ、普通の、ＯＬさんですよね。

元気がよさそうだったり、あるいは物静か、という印象を受けるかもしれません。

けれど、今までの経緯があると、「威圧的」に見えたり、「陰険」に見えたりして苦手意識が芽生えるんですよね。そうして「イヤだな」と排除しようとすると、ますますその人を引き寄せ、イヤな波動も生み出してしまうのです。

苦手な相手を、新しい目で、ありのままで受け入れるようにしてみてください。色眼鏡を外して見ると、意外な一面を発見できたりもするんですよ。

思い出すと幸せな気持ちになる過去は、宝物のように大切にすることを忘れないでください。

でも思い出すとイヤな気持ちになってしまう過去なら**「過去はチリ！」**と思っ

て、忘れてしまいましょう。

「忘れる」のは、一番簡単な「許す」方法です。

あなたもその人も刻一刻と変わっているのです。**過去にこだわるより、「今」、どういう関係を築きたいかを考えたほうが、幸運を引き寄せることになります。**

過去を後悔せず、プラスαを楽しみながら今の自分にできることをしていると、よりハッピーなプリンセスになれるんですよ！

※

「発表、引きうけてみるかぁ～」

考えてみれば、発表は舞台と一緒。見ている人を感激させるくらいの気持ちでやってみるのも楽しそうです。そうしたら、どんな演出をしようか……。

ワクワクしてくると、なんだかアイディアも湧いてきます。

「幸せの電波を受信しているって、こういう感じなのかなぁ」と思えます。

でも、イヤなチャンネルに合っていたら、幸せの電波を受信できません。

「そうか、いつも上機嫌でいれば、幸せを受けとりやすくなるんだな！」

そして、そのまま、幸せな未来に続く……。

今も未来も幸運なハッピープリンセスになりつつある幸子さんです！

処方箋

第12日

・やるのは「今」しかない！
・夢は、「イメージして」「言って」「行動する」と、実現のスピードが加速する
・「イヤだな」と少しでも思ったら、いくら楽しさや幸せや豊かさの電波が降りそそいでいても、受けられなくなる
・忘れるのは、一番簡単な「許す」方法

魔法の言葉

「このほうが人生が面白くなるから、後悔するほうを選んだんだ」

「過去はチリ！」

12日目の宿題

まだ、実行に移していない夢に近づくために、「今」、一歩行動しよう

第13日

シンデレラの法則

13th lesson

「なんだか、あっという間に2週間ですね！」

最初にアカデミーの扉を叩いてから、もう13日目です。

プリンセスハートをもつためのいろいろな法則、言葉、考え方……。それを聞いたおかげで、日常がすばらしいものでいっぱいの宝箱のような気がして、日々が輝いて見えてきました。

幸運もやってきて、明日は南條さんとの初デートです。

「幸子さんが、素直に聞いて、実践しているから、効果が早いんですよ。でも、ここからが、一生ハッピーなプリンセスになれるかがかかっているんです。プリンセスハートは、**諦めず継続すること**で定着するのですから！」

種は1日では芽を出さないもの

さまざまな宿題やワークをして、できること、できないことがあったでしょう。

1回で懲りてしまうようなこともあったかもしれません。でも、諦めるのはちょっと待ってほしいのです。やり始めはなんでもキツいもの。

「いただきます」「ありがとうございます！」

たいしたことじゃないようでも、いざやろうとしてみると、

「なんだかメンドくさいな」「本当に効果があるのかなぁ？」と疑ってみたくなるものです。

何かをしようとする時というのは、**ゼロからプラス1になるのにかかる初速に、一番エネルギーが必要**です。

その初速をつける原動力が**「理由」**です。

「やると、もっと幸せになれるから」という理由で、ワクワク楽しんでやれれば一番ですが、そうでもない人もいるでしょう。

勉強でも、「いろいろなことを知ることができるし、テストでマルが付くのが楽しくて！」という人なら、苦労せずいい成績をとれるものです。

でも、「じっと座って、興味がないことを覚えるのはつまんないな」という人だと、やるのにすごいエネルギーが必要じゃないですか？

――そうなんですよね～。

だから、「勉強しないと、ご飯を食べさせないわよ！」と怒られたり、「いい学校に行けないとあとで苦労するのはあなたよ！」と脅されたりという理由によって、

やっと重い腰を上げるのですよね。

でも、それでやり始めて初速がつくと、面白さに気づくこともあるのです。

最初は「イヤだなぁ」と思っても、「楽しい」に変化することはたくさんありませんか？　ですから、**とりあえずは、やってみましょう！**

「行動」すれば、世界が変わるのは知っていますよね？

けれども、もう一つエネルギーがいることがあります。それが、**「継続」**です。

「おはようございます！」と勇気を振り絞って、いつもむっつりしている人に挨拶をしたとします。そうしたら、その人が、びっくりしながらも、照れくさそうに笑って「おはよう」と言ってくれたらどうですか？

「よっしゃ、明日もやってみよう。他の人にもやってみよう！」と思うでしょう。

けれど、その人が、ますますむっつりして無視をしたら、「ガーン！　二度とやらない！」と思ってしまいますよね。

――実は、もうやめようという気になっていた人もいるんですよ……。

そうですよね。でも、そこがあなたが、真の「ハッピープリンセス」になれるかどうか試されているところなのです。

「プリンセスハート」をもっている人は、「ものごとには必ず、良い面と悪い面が同じ数だけある」ということを知っています。

だから、そのむっつりさんによって、「やっぱりこんなこと役に立たないんだ！　もうやめる！」と思うこともできますし、「うわー、あの人、今朝、家族とケンカして機嫌が悪いのかな？　でも明日は機嫌がいいかも。チャレンジの機会を増やしてくれてありがとう！」と思うこともできるわけです。

両方を知ったうえで、どうするか決める器の広さがあるんですね。

では、宿題です。

宿題　諦めてしまったことに、もう一度チャレンジしてみましょう。

「行動しよう」という意志をもっただけで、世界は動き始めます。種はまかれたのです。実際に行動して、水もあげました。すばらしいことです。

でも、1日水をやっただけで芽が出る種なんて、まれですよね？　それなのに、1日だけで水やりをやめてしまったら、その種は、これからどんなに素敵な花を咲かせるか分からないのに、永遠にそのチャンスを失ってしまうのです。

そしてあなたも、その花を見て喜ぶことも、おいしい実を味わうことも絶対にできません。

諦めたくなる時、**「やればできるかも」**と言ってみてください。

何日も何日も諦めずに続けてこそ、ある時、「ぽっ」と、小さな芽が出るのですよ！

おとぎ話の「シンデレラ」を知っていますね。シンデレラが魔法使いのおばあさんにキレイにしてもらえたのも、日々、継母や姉たちのために働いていたのを知られていたから。

へこたれず続けていれば、見ている存在もいるし、素敵な王子さまとの出会いといった機会にもつながるのです。諦めない心が幸せをもたらす。

それが**「シンデレラの法則」**です。

小さな成果を思いっきり味わいましょう

最初の一歩を進んでも、このように、継続するのはなかなか至難のワザ。

「三日坊主」という言葉もあるくらいですから、3日続けてダメだったら諦めたくなるでしょう。

継続するのにもっとも効果があるのが、**「成果を味わうこと」**です。

むっつりした人への挨拶でも、少しでも相手からいい反応があれば、「これは効くんだ！」と思いますよね。だから、ちょっとでも好感触があったら、「おお、効いてる！」と、思いっきり味わっておきましょう。その**小さな行動、小さな成果。それが小さな自信となって、それを重ねることで大きな確信になっていく**のです。

それでも、なかなか成果を感じられないこともあるかもしれません。

そんな時は、**「自分は固い固いビンのフタなのだ」**と思ってください。

自分が勇気をもって笑いかけても、ぜんぜん反応がないのは、それだけ今までの自分が固かったということなのです。今まで長い間そういうことをしていなかったから、そのぶん、還ってくるのに時間がかかるのです。

でも、力を入れ続ければ、やがて、「するっ」とフタが開くように、諦めずに続けていれば、フタが開いて、どんどんビンの中に、いろいろなうれしいことが入ってくるようになるんですよ！

タダで5年寿命が延びる方法

「タダで5年寿命が延びる方法」というのを知っていますか？

これは、既婚者限定なのですが、それは……。

「『いってらっしゃい』のキス」なのです！

——えー？？

結婚すると、「夫なんてただの生活同居人よ」という感覚になって、「手をつなぐ機会もないわ〜」という雰囲気になりがちです。結婚年数が長くなって、子どもができたりすると、なおさらロマンチックな機会などなくなります。

けれど。

「キス」をすると、それが、たとえ、「もう異性としての魅力なんて感じていない」というパートナーであっても、体のホルモンが活性化して、体の機能が上がって健康になるのです。これでイキイキしはじめたご夫婦はたくさんいるんですよ。

だから、「できない！」と思うことも、ぜひ、**「試しにやってみよう」**と思ってやってみてください。

せっかくだから、1日。ついでだからもう1日。なんだか、慣れてきたからもう1日。ハミガキみたいに、やらないと気持ちが悪いからもう1日……。

すると、「キス」だけでなくハグもプラスされたり、「今日も元気に行ってらっしゃい」という優しい言葉もプラスされていったりするんですね。そうするとますますいい効果が起こるのです！

なんでも、筋肉と同じなのです。どんなに大変だ！　と思うことでも、毎日少しずつやっていけば慣れてきて、知らず知らずのうちに筋肉のように鍛えられて、気がついたら、けっこう難しいことも難なくこなせて、それが当たり前になっていたりするんですね。でも、鍛えなければ、それは不可能なのです。

何もやらなくても、一応生きていけます。でも、**何かやろうとして動けば、それ**

だけ豊かな経験ができるのです！

動くことは「イイコト」を伴います。

自分が動けるのは、体と命を授かったから。自分を生かしてくれているたくさんの力を借りているから。自分で磨いたのだと思っている才能でさえ、それを応援してくれる人がいなければ磨くことができなかったのですから、自分が今こうしているのは、降りそそぐようなありがたいことのシャワーを浴びているからなんですよね。

それを感じて、それに感謝して、たくさんもらっているぶん、自分ができることで還そうとしていきましょう。

自分の受けた恵みを周りにも分ける人

自分が背中に、２メートルくらいの深さの、フタのない箱をしょっていると想像してみてください。あなたは、雨のように降りそそぐ恵みを浴びているので、それは箱の中にドンドン入ってきます。

もしその恵みをそのままにしていたらどうなると思いますか？

やがてあなたは、その重みでぺしゃんこに押しつぶされてしまうでしょう。

あなたが動くこと、働くこと、周りの人に笑顔やほめ言葉を言うこと……。自分にできることをやるのは、恵みを受けて周りに流すことになるのです。

そうしたらあなたは、ぺしゃんこにならず、さらに新しい恵みを受けとることができ、もっと周りに幸せを振りまくことができます。

いただいたものに感謝して、なりたい自分に近づくよう毎日プラスαをしながら、自分の体を使ってできることをお還ししていく……。それをしていたらシンデレラのような幸運にも恵まれるし、自分も楽しく、幸せでありながら、慕われて、尊敬されて、大切に扱ってもらえるプリンセスになっているんですよ。

理想の人生は、「今の自分にできるコト」をちょっとやり続けるだけで、手に入るのです。

折れ線グラフは、たった1度の上昇でも、それが伸びていけば、ゆくゆく大きな差になりますよね！

自分をいつも可愛がりましょう！

くたびれたら、お休みしたり、思いっきりワガママしてもいいのです。

やろうとしてもやれない時だってあるのです。

調子がいい時や楽しい時に「笑え」と言われたら、言われなくても笑ってしまいますが、辛い時に「笑え」と言われたって、笑えません。

――そうなんですよね。励まされると、かえって落ち込んだり……。

幸せの電波はいつも降りそそいでいます。でも自分のチャンネルがそれを受けられるようにチューニングされていないとその電波は受信できません。

「辛い」という漢字に、「一」をプラスすれば、「幸せ」になります。

だから、辛い時は、自分を幸せにしてくれることを、自分にやってみるのです。

「人に幸せにしてもらおう」と思うと、思いどおりにならなくて、かえってガッカリして逆効果になってしまうこともあります。

だから、**自分で自分に、薄紙でくるむように小さな幸せをプレゼントしていくの**

がいいんですよ。

Work

自分を幸せな気持ちにしてくれる小さなことを自分にしてあげましょう。

携帯の電源を切って、心ゆくまで眠る。おいしいケーキを食べる。自分の話をニコニコ聞いてくれる友達と、思いっきりおしゃべりする。好きな香りのバスキューブを入れたお風呂にゆっくりつかる。海を見に行く。緑がいっぱいのところで、胸いっぱい空気を吸い込む……。

自分がじわじわと幸せになってきたら、次第に、幸せのチャンネルにチューニングが合うのが分かるでしょう。

優しい気持ちになったら、優しいことが引き寄せられるのを感じるでしょう。

先々素敵な気持ちになるために、期限つきでガマンしたり、ガンバッたりすることはプラスαの行動の一つですからいいのです。

でも、はてしなく辛かったら、「幸せの電波」を受けとることはできません。

自分をいい気持ちにして、自分を満たして、「自分が幸せだから人にも分けてあげようかな」と思うのが、無理なく幸せになる方法です。

小さなことでも、**自分で自分をほめてあげましょう。**

そして、イヤなことも「必要なこと」だと受けとめて、損なことは「誰かにイイコトをしたってことだから還ってくる」と楽しみにして、**「プリンセスハート・ライフ」**を楽しんでみてください。

恵みを授かっていることに感謝。そしてそれを自分らしく発揮しながらイイコトをしていく。そんな「プリンセスハート・ライフ」をしていたら、幸運も豊かさも降りそそぐようにやってきますよ！

※

「プリンセスハート・ライフかぁ〜」

確かに、この命、お金を払って買ったものではありません。

なのに、こうして動くことができるのです。使わなかったらもったいない！

そして、この2週間、動けば動くほど、イイコトも引き寄せられてきたのです。

明日はデート。新しい服も買いました。それは、家に遊びに来たおばあちゃんがお小遣いをくれる、といううれしい臨時収入があったからなのです。

それも、なんだか自分がやったことが還ってきたような気がしてなりません。

いろいろな幸せなことが自分に起こってきています。

「ハッピープリンセスに……なってるぞ！」

スキップしたくなる幸子さんです。

処方箋

第13日

・とりあえずは、やってみよう!!

・諦めない心が、幸せをもたらす「シンデレラの法則」

・辛い時は、自分を幸せにしてくれることを、自分にやってみる

・自分をいい気持ちにして、自分を満たして、「自分が幸せだから人にも分けてあげようかな」と思うのが、無理なく幸せになる方法

魔法の言葉

「やればできるかも」
「試しにやってみよう」

13日目の宿題

諦めてしまったことに、もう一度チャレンジ!

第14日

幸せになるために
生まれてきた

14th lesson

「どうだった？　幸子さん、デート！」

「やっぱり、南條さん、ステキでした〜！」

ランチをしながらいろいろ話し、あとは人気のデートスポットを歩きました。

アカデミーでやった、「自分が幸せになることは？」とか「習いたいことは？」という話をしていると、どんどん会話が弾むし、南條さんのことも分かります。

もっともっと二人とも話がしたくて、次のデートの約束もしたのです。

「ここに来て、プリンセスハートについて教えてもらって、本当によかったです。私、今まで好きな男の人と話す時って、困っていることや大変なことを言って、自分のことを気にしてもらおうとばかりしていたんです。同情を『欲しがって』いたんですよね。でも、今日は、南條さんの言うことに興味をもったり、ほめたりして、できるだけ『あげる』ようにしたんです。そうしたら、すっごく喜ばれたし楽しかったんです」

「よかったですね！」

「喜ばれるとほんとにうれしいですね！」

「それを実感できたら、もうハッピープリンセスですよ。**喜ばれることを喜んでい**

る人は、これからずっと幸せでいられるのですから！」

喜び喜ばれる人生に

人は、一人でも幸せになれます。絵を描くのが好きな人は、自分が納得する絵を描けたら、それでとても幸せです。

でも、その絵を人に見せたりプレゼントしたりして、「人」が加わると、その絵に心を動かされたり、それをきっかけに新しい行動をする人が現れたりと、他の人を「動かす」ことや、それによってさらに自分もうれしくなることが起こるのです。

自分一人を喜ばせるだけよりも、人が加わると幸せはもっと膨らんでくるんですね。

その時、注意することは、「求めるのをやめる」ことです。「これで、こうなってほしいなぁ」と期待を求めると、当てが外れたときにガッカリしてしまいます。

だから自分がもっているものを「喜んでくれたらラッキー！」くらいの気持ちで、気分よく「あげて」いると、「見てもらって幸せ」「喜んでもらって幸せ」「思いがけない縁までできて幸せ……」というふうに幸せだけが膨らんできます。

そうすると次第に、**「あげる」**から**「したい」**に気持ちが変わってきます。

――そうですね！　今日はまさにそうでした！　「求める」のを「あげる」にしていたんですが、それがだんだん「したい！」になっていったんです。

すばらしい！　**「あげる」ことの楽しさが分かって「したい」からやる人は、もう「ハッピープリンセス」です！**

でもそうなる前に、もちろん、「あーあ、思ったより……」と思ってしまうこともあるでしょう。けれど、それで「イヤな気持ち」になったら、「幸せの電波」を受信できなくなってしまいます。

だからそういう時は、「ナルホド、私はもっと評価されていいと思っているんだな」と**気づけばいい**のです。そして、「気づかせてくれて、ありがとう！　もっともっとチャレンジする意欲を湧かせてくれて！」とワクワクした気持ちに変化したら、チャンネルは「幸せ」につながります。

すべてのことに「良い面」「悪い面」があるのです。

「悪い面」にフォーカスしていたら、フォーカスしていなかった「良い面」を見つけて、いい気分に戻ればいいだけなんですよね！

毎朝唱える強力なおまじない

では、「コレで、喜ばれる、徳のある人になって、ずっと幸運なプリンセスになれる！」という強力おまじないをお教えしましょう。それは……。

「かおよしニッコリ、ありがとうございます！」です。

なぜなら、この言葉には「ハッピープリンセスをキープする要素」が、ギュッと詰まっているからなんですよ！

まず、「かおよし」。

「顔良し」と、声を出して言うことは、「顔が良い！」という言葉が自分の耳に入ってくるということです。だから言えば言うほど、自分が美人になっていくのです。

また、「かおよし」の、

「か」は、「感謝」。ありがとうございます！　ということ。

「お」は、「おかげさまで」と、目に見えないけれど応援してくれる力にも感謝を表していることです。

「よ」は、「喜ぶこと」。喜ばせることは素敵なプレゼント。そして自分も何かをしてもらった時に感謝して喜べば、相手に「人を喜ばせることをした」という、徳を積んでもらうことにもなるのです。

「し」は、「賞賛」。ほめること。周りをほめて、自分の温かさをプレゼントすればするほど、自分に還ってくるのです。

「ニッコリ」は「笑顔」ですね。笑えば笑うほど福はやってきます。

ニッコリと言うと、どんなに不機嫌でも口角が上がり、「作り笑い」と同じような効果があります。「作り笑い」でも、脳は、「笑った」と判断して、「笑っているようなうれしいことがあった」と、幸せホルモンを出し始めるのです。

そして最強の言葉**「ありがとうございます」**。

今朝も目を覚まし、起きることができてありがとうございます。自分を支えてくれている人々にありがとうございます。命を生かしてくれている食べ物にありがとうございます。歩ける地面に、照らしてくれる太陽にありがとうございます。そして、大きな大きな目で見守ってくれている存在にありがとうございます……。

あなたも感謝されたら、なんだかくすぐったくうれしくなりますよね。それはすべてのものがそうなのです。そしてうれしくなって、あなたにもっともっとイイコトをしよう、と思ってくれるのです。

朝、鏡を見ながら「かおよしニッコリ、ありがとうございます！」と言うだけで、幸運やうれしいことがどんどんやってくるようになるんですよ！

――ステキ！　学んだことの復習にもなりますね！

自分をほめて、恋してほしい！

自分がちっぽけに思えても、それなりに思えても、スゴく思えても、自分がこうして「在《あ》る」ということは、自分以外の力に「生かされている」ということです。

あなたは生きているのが必要な、大切な大切な存在なのです。

そうでなければ、こうして生きているはずがありません。

だから、**自分を毎日、1つでもいいからほめてください。**ほめることが見つからなかったら、部屋のゴミを1つ拾って、その行いをほめてもいいんですよ。

そして、**自分に恋してください。**

ほめられ、恋されると、人は素敵になっていきます。

生かされている自分に、どうぞ自信をもってください。

「自分なんて価値がない。空気を汚すだけだ！」たとえそう思ったとしても、生きているからには、必ず意味があるのです。

それは、**あなたが「今いる」ところで、あなたの「できることをやる」ため。**

その場所が、どんなに苦しくて、困難なことがたくさんあるとしても、あなたが、そこで気づき、成長したいと心の深いところで望んでいるからこそ、そこにいるのです。

だから怖がったり、不安に思わないでも大丈夫です。

あなたはたくさんの力に見守られているのですから。

ただ、自分にできることをやり続けるだけでいいのです。

笑顔。ほめ言葉。喜ぶこと。プラスα心を込めて実力を発揮すること……。

あなたにできないことは、要求されていません。

また、「ガッカリした。見損なったよ」と、キツい一言を言われたとしても、すべてのものごとには「良い面」と「悪い面」があるのです。

「自分を否定された」という悪い面と同時に、「それまでずっと認められていた」という良い面があるのです。

イヤーな気分になったら、「幸せの電波」を受信できません。「良い面」に目を向け、「責められているんじゃなくて、期待されてるのかも」とヘコんでいても思い直して、いい気分に戻ればいいのです。すると、また「幸せ」につながれます。

そうしたら、ニッコリと笑えますよね。

求めると、洗面器の中の水のように、手元に寄せれば寄せるほど、遠くに行ってしまいます。**「求めず」「期待しないで」、楽しみながら自分のものをプレゼントしていきましょう。**そうしたら、洗面器の水のように、向こうにやればやるほど、手元に流れ込んでくるんですよ！
――はいっ！

自分の幸せは、世界の幸せにつながります

心理学の「トランスパーソナル」という理論では、自分が感じている意識（顕在意識）は、氷山の一角に過ぎなくて、意識していない、とても深くて大きな「潜在意識」があると言います。

そして潜在意識は、自分だけのものでなく、もっと深くなると、全人類共通、さらにもっともっと深くなると、動植物や鉱物ともつながっていると言われています。

「犬の気持ちが分かる」「この水晶が、私を呼んでいるような気がして買っちゃった」という人がいますが、これは単なる思い込みや気のせいばかりではないのです。

自分が幸せだと、周りにもその幸せが伝わって、周りの人もニコニコすることが

あります。それは波動や潜在意識が伝わったから。そしてそれは、**全人類にも伝わっているのです。**

だから、最後に学んだ「プリンセスハート」は、**「自分が幸せであることは、世界の幸せを底上げすることにもつながる」ということを理解して、自分と周りを幸せにし続けること。**

遠い国の紛争に、何も手を差し伸べられなくてもガッカリすることはありません。

自分の目の前にいる人と仲良くして、その人にしてあげられることをして、喜ばせて、それで自分もうれしくて幸せになれば、それだけで、地球全体の喜びとなります。

自分が幸せになると、どこか知らない遠くの国で、小さな花が咲くのです。

イヤなことや辛いことは、毎日多かれ少なかれ起こります。

けれど、**「イヤなことは、自分がもっと良くなるサイン！」**そう思って、責めたり怒ったりするかわりに、プリンセスハートを鍛えるネタにしてしまいましょう。

そしてまた、いい気分に戻りましょう。

自分がイヤな気分になったわけを正当化する理由を探している時間があったら、いい気分にサッサと戻ったほうが、「幸せの電波」をまた受信でき、イイコトがもっともっとやってくるのです。

でも、イヤな気持ちでいる限り、幸せは受けとれません。

「いつも感謝していること」
「自分にできることをし続けること」

そうしていれば、幸せがやってこないわけがないのです。

では最後の宿題です。

宿題 ここで学んだことを、繰り返し繰り返しやってみましょう。

そうすれば、幸せにつながるヒントをまた思い出すことができますよ。

幸せはいつも降りそそぐようにやってきています。

あなたは、それを上手に受けとって分かち合う、ハッピープリンセスになる鍵を受けとったのです。

ぜひ、それを使ってください。そして、イヤなことも上手に乗りきって、もう幸せなことしか起こらない人生を、どうぞ満喫してください！

――はいっ、そうします！

※

先生の笑顔に見送られて、幸子さんは幸せな気持ちで「プリンセスハート・アカデミー」をあとにしました。

自分と世界。それがしっかりとつながっている、安らかで温かな幸福感で心も体も満たされています。

そして自分の中に、優しさと慈愛にあふれた「プリンセスハート」が確かに息づいているのを、実感していたのです。

処方箋

第14日

・自分一人を喜ばせるだけよりも、人が加わると幸せは膨らんでくる
・自分をほめて、恋しよう！
・自分が幸せであることは、世界の幸せを底上げすることにもつながる
・「いつも感謝していること」「自分にできることをし続けること」

魔法の言葉

「かおよしニッコリ、ありがとうございます！」

14日目の宿題

ここで学んだことを、繰り返し繰り返しやってみよう

エピローグ

「すまないが、この仕事を明日までに頼めるかな？」

「はい！　明日まででしたら大丈夫ですよ！」

「助かるなぁ。またその笑顔がいいね」

そんなやり取りをよくしていたら、課長が、「いつものお礼に」と、海外出張のお土産に、みんなと一緒のもののほか、もう一つチョコレートの箱をくれました。

ほかにも、コッソリと差し入れをしてくれたり、無理なお願いも「幸子さんのためなら」と聞いてくれる人が増えました。

いつもよりプラスα心を込めて仕事をしただけで、周りの人が変わってきて、仕事もスムーズになり、やりがいも感じられるようになってきたのです。

「幸ちゃんは、レストランで水を注がれても、いつも会釈《えしゃく》をするよね。そういう気遣い、いいなぁって思うよ」

付き合い始めた南條さんが、ふと言いました。

「そんな子、なかなかいないよ。だから大切にしたいと思うんだ」

そう言いながら、耳が赤くなっていたのは気のせいではないでしょう。

「水を注ぐのは、ウェイトレスの仕事だから当たり前」ではなく、「自分のために何かしてくれてありがたい」と思うようになって、自然とするようになったしぐさ。

これも自分の「魅力」になっていたなんて、幸子さんも驚きです。

それに、いつも心に余裕があるせいか、イライラすることも少なくなり、ミスも減りました。人に譲って、感謝されることも多くなりました。

そして思いがけない時に、「この前のお礼に」とちょっとしたことをしてもらったり、タイミングのいいことが重なったりして、運もよくなってきたのです！

「ものすごく特別なこと」をしているわけではなく、「自分にできる小さなプラスα」をしているだけで、こんなにも毎日が変わるのです。

「王子さまと結婚」しなくても、「プリンセスハート」をもつだけで、凜とした気持ちになれ、笑顔でいられます。

そうすると周りから還ってくるのも笑顔だし、優しさや心遣いやうれしいこともたくさんやってくる「幸せなプリンセス」になっている……。

幸子さんはそれをしみじみと実感していました。


幸せになれるかどうか、「選ぶ」のは自分次第。

得ているものに感謝して、自分を生かし、もてるものを楽しくプレゼントしていれば、また新たな恵みが降ってきて、もっともっと幸せになれるのです。

いつも「私はハッピープリンセスだ！」と幸せな気持ちでいるようにしましょう。

あなたが幸せであるのは、あなた一人の問題ではありません。それは、世界の幸せにもつながっているのです。

人はみな、自分らしく、幸せになるために生まれてきました。

さあ、幸せになりましょう。

あなたは、たくさんの喜びを受けとる、ハッピープリンセスなのです！

スペシャル
レッスン

「プリンセスオーラ」を出すための
とっておきのレッスン

ますます愛される
あなたになるための、
3つの法則を知って
おきましょう!

ここまでお読みくださって、どうもありがとうございます。

感謝を込めまして、あなたに、「プリンセスのオーラ」を出すためのとっておきのレッスンをお教えいたしましょう！

オーラの法則1 「怖れ」より「喜び」の魔法をかける

ハッピープリンセスが心がけたいことで、とても大切なことがあります。

それは、**「喜んで行動する」**ということ。

人が行動する動機というのは2つあります。

一つは**「喜び」**、もう一つは**「怖れ」**です。

「プリンセスのようになったら、うれしいだろうなぁ〜！」と、楽しみながら、喜んで行動するならば、それは喜ぶ結果を引き寄せます。

けれど、「今がダメダメだから、プリンセスのようにならないと、もっと嫌われるかも」と、「怖れを避ける」ためにやろうとすると……。

「怖れ」の力のほうが強いので、「わざとらしくない？」などと思われて、逆に「怖れていた嫌われること」のほうを引き寄せかねないのです！

せっかくプリンセスになろうとしているのに、それはイヤですよね。

胸に手を当てて、自分の心を見つめてみてください。

あなたが「ハッピープリンセスになりたい！」と、最初に思った動機は何ですか？

「楽しそうだから！」であれば、オッケーです。

けれどもし「怖れ」からだったら、もう一段階、奥の心まで見つめてみましょう。すると、「嫌われるのが怖いのは、好かれるのがうれしくて心地よいからだ！」という「喜び」の動機に気がつくことができませんか？

そうして、「怖れを避けるのではなく、好かれる喜びのためにやるんだ！」と思ってやる気になったら、自分の気持ちが「怖れ」ではなく「喜び」に変わります。

すると、「ビクビクオーラ」ではなく、「余裕のあるプリンセスオーラ」を発するようになり、喜びの結果を引き寄せることができるようになるのです！

オーラの法則2

好感度が必ずアップするほめオーラ

さらに、プリンセスオーラを速攻で出すのにとても効果的なのが**「ほめること」**。

誰でも、けなされるとムッとしますが、ほめられると「そんなことないよ〜」と思いながらも、うれしくなってしまいますよね（笑）。

ほめるのは、おべっかを使うことでも、おだてることでもありません。

相手のいいところを見つけ、評価し、伝えること。「ほめて、よく思われなきゃ」というような怖れでなく、喜びをもって言えば、必ず心が伝わります。

ほめる方法はいろいろありますが、まずは、いいことを評価する、「評価ぼめ」。

「いいですね」「すごいですね」「ステキですね」「すばらしいですね」

この言葉を伝えてみましょう。ニコニコと人をほめる人は、とても魅力的です。

あからさまにほめるのが苦手な人は、「感想ぼめ」がおすすめです。

これは、ポジティブな感想を伝えることで、そう思わせてくれた人を評価するほめ方です。「自分はこう思う」と伝えるだけですから、さりげなくできますよ。

何かしてもらった時、一緒に何かをしている時、

「うれしい！」「楽しい！」「幸せ！」

と、心に浮かんだポジティブな感想を伝えましょう。

喜び上手の人は、愛され上手です。

ご馳走してもらった時に、お礼を言うだけでなく「こんなに素敵な時間を過ごせて幸せでした！」と自分の感想を伝えるだけで、好感度はググッとアップします。

「また誘おうかな」という気にもなってもらえますよ。

そして、恋愛上手なプリンセスになる秘訣もお教えしましょう！

女性は「容姿」をキレイとかカワイイとか若いとかほめられるとうれしくなるのですが、男性は「仕事・能力」をほめられると、より喜ぶ傾向があります。

ですから、**「さすがですね」「頼りになります」「仕事ができますね」「こんなすごいことがよくできますね！」「尊敬します！」**。

評価したり、尊敬したりすると、喜んでもらえます。

さらに、グッとハートをつかむには「あなただけ」をキーワードに。

「こんなに楽しいのは、あなただからですよ」「あなたでないと困ります」

オンリーワンということを伝えて、ドキッとさせてみましょう。

また、「感謝」というのも、「相手が価値のあることをしたと認め、たたえる」という最大級のほめ言葉です。

「ありがとうございます」「おかげさまで」「助かりました」

「すみません」のかわりに、ぜひ使ってください。この言葉を使い慣れている人は、間違いなく、自分も感謝される人になっています。

オーラの法則3 「思いやりと感謝」はオーラの源泉

「プリンセスのふるまい」として、「思いやりと感謝」を心がけるようにしていると、どんどんプリンセスオーラが出てきます。

周りの人のいいところ、気づいたことを、「あ、いいね！」とほめたり、コンビニで品物を受けとる時に、無言ではなく「ありがとうございます、助かります！」と感謝するだけでも、口に出して伝えれば、その人の心に灯をともすことができます。

そしてそのうれしい気持ちは、その人の心を一日中照らしてくれるかもしれないのです。

誰でも、自分を認めたり、評価したり、ほめてくれたり、感謝してくれる人は、好きになってしまうもの。ですから、ほめ上手・感謝上手になると、自然と好かれ慕われる人になっていきます。そしてそれが、あなたをキラキラと魅力的にするプリンセスオーラになっていくのです！

「喜びで行動」、「ほめること」、「思いやりと感謝」。

この3つで、あなたの毎日は、よりいっそう輝き出しますよ。

自分が幸せでありながら、周りも幸せにしてしまう、そんなプリンセスオーラで、あなたから幸せの輪を広げ、世界中をその輪で包んでいってください。

「かおよしニッコリ、ありがとうございます！」

恒吉彩矢子―ハッピーライフ・セラピスト。英国ITEC認定アロマセラピスト。神奈川県在住。東京女子大学卒業。金融機関の広報部に勤務するも、対人関係のストレスに悩み、心や体を痛めたことをきっかけに、「心や体の辛さを少しでも軽くするためにはどうしたらいいのだろう？」とカウンセリングやアロマセラピー、整体、ヒーリングなどさまざまな勉強を始める。サロン勤務を経て、自らリラクゼーションサロンを平成13年にオープン。のべ5000人以上の心や体の相談にのる。現在はサロンの仕事のかたわら、執筆活動、セミナー・講演なども行っている。著書には『誰からも好かれる人になる魔法の「ほめ力」』（学研パブリッシング）、『仕事と人生が100倍うまくいく！「喜び」と「怖れ」の法則』（きこ書房）、『幸運が舞い込む プリンセスルール』（中経の文庫）ほか多数。
http://www.tsukiten.net/

講談社+α文庫 1日目《にちめ》から幸運《こううん》が降《ふ》りそそぐ プリンセスハートレッスン

恒吉彩矢子《つねよしあやこ》

2012年1月20日第1刷発行

発行者――鈴木 哲
発行所――株式会社 講談社
東京都文京区音羽2-12-21 〒112-8001
電話 出版部(03)5395-3532
販売部(03)5395-5817
業務部(03)5395-3615

カバーペーパークラフト――小紙陽子
カバー撮影――渡辺充俊
デザイン――鈴木成一デザイン室
本文レイアウト――中川まり
カバー印刷――凸版印刷株式会社
印刷――慶昌堂印刷株式会社
製本――株式会社国宝社

落丁本・乱丁本は購入書店名を明記のうえ、小社業務部あてにお送りください。
送料は小社負担にてお取り替えします。
なお、この本の内容についてのお問い合わせは
生活文化第三出版部あてにお願いいたします。
Printed in Japan ISBN978-4-06-281459-1
定価はカバーに表示してあります。

講談社+α文庫 Ⓐ生き方

心も体もきれいになる！ その場で「あたため」ストレッチ　福田千晶
その場で、1分でできる簡単ストレッチで、冷えをすっきり解消して美人になろう！
533円 A 110-2

あきらめの悪い人 切り替えの上手い人　下園壮太
あの人はなぜ人生を楽しめるのか。自分にとって最良の選択をする、究極の発想転換法
667円 A 111-1

「遺されたつらさ」の受け入れ方　下園壮太
身近な人の死によって起こる「心のつまずき」。悲しみを心に抱えず、乗り越える方法を伝授
686円 A 111-2

＊スローセックスの奇跡 1000人の女性を癒した「性のカルテ」　アダム徳永
彼女を満足させられない、苦痛の愛撫から逃れたい……性の悩みを解決する〝神の手〟の真髄！
705円 A 112-1

実践イラスト版 スローセックス完全マニュアル　アダム徳永
究極の性技〝アダムタッチ〟65テクを完全図解。本物の愛を知り、心の底から気持ちよく!!
686円 A 112-2

傷つきたくないあなたのスローセックス　アダム徳永
「幸福になるため」のやさしいメッセージ。愛に満たされたい、すべての女性の必読書
562円 A 112-3

生き方の鑑《かがみ》 辞世のことば　赤瀬川原平＝監修
よき日本人は最期に何を語ったか？ 古代から現代まで275人の珠玉のことばを収録！
724円 A 113-1

今すぐ始めたくなる夢をかなえる小さな習慣50　田中ひろみ
人生を変えるコツは毎日の暮らしのなかに！ 著者があかすホントに効くカンタンなコツ！
600円 A 114-1

クイズで入門 日本の仏像　田中ひろみ
クイズに答えるうちに仏像の基礎知識が自然に身につく！ 有名仏像をイラストで網羅！
552円 A 114-2

乳がんなんて怖くない！ がんと共生する医師の一日一生　小倉恒子
34歳で発病。手術、離婚、再発、転移にも負けず20年余。涙と笑いとナットクの闘病記
686円 A 115-1

＊印は書き下ろし・オリジナル作品

表示価格はすべて本体価格（税別）です。本体価格は変更することがあります

講談社+α文庫 Ⓐ生き方

「老いる」とはどういうことか	河合隼雄	老いは誰にも未知の世界。臨床心理学の第一人者が、新しい生き方を考える、画期的な書	640円	A 122-4
母性社会日本の病理	河合隼雄	「大人の精神」に成熟できない、日本人の精神病理、深層心理がくっきり映しだされる!	880円	A 122-5
カウンセリングを語る(上)	河合隼雄	カウンセリングに何ができるか!? 第一人者による心の問題を考えるわかりやすい入門書	840円	A 122-6
カウンセリングを語る(下)	河合隼雄	心の中のことも、対人関係のことも、河合心理学で、新しい見方ができるようになる!	780円	A 122-7
対話する人間	河合隼雄	人の心の限りないゆたかさ、おもしろさを再発見! 河合心理学のエッセンスがここに!	880円	A 122-8
源氏物語と日本人 紫マンダラ	河合隼雄	母性社会に生きる日本人が、自分の人生を回復させるのに欠かせない知恵が示されている	880円	A 122-9
こどもはおもしろい	河合隼雄	こどもが生き生き学びはじめる! 親が子育てで直面する教育問題にやさしく答える本!	781円	A 122-10
ケルトを巡る旅 神話と伝説の地	河合隼雄	自然と共に生きたケルト文化の地を巡る旅。今、日本人がそこから学ぶこととは――?	705円	A 122-11
天才エジソンの秘密 失敗ばかりの子供を成功者にする母との7つのルール	ヘンリー幸田	エジソンの母、ナンシーの7つの教育法を学べば、誰でも天才になれる!	705円	A 123-1
チベットの生と死の書	ソギャル・リンポチェ 大迫正弘 三浦順子＝訳	チベット仏教が指し示す、生と死の意味とは? 現代人を死の恐怖から解き放つ救済の書	1524円	A 124-1

＊印は書き下ろし・オリジナル作品

表示価格はすべて本体価格(税別)です。本体価格は変更することがあります

講談社+α文庫 Ⓐ生き方

- **身体知** カラダをちゃんと使うと幸せがやってくる　内田樹　三砂ちづる　現代社会をするどく捉える両著者が、価値観の変化にとらわれない普遍的な幸福を説く！　648円 A 125-1
- **思い通りにならない恋を成就させる54のルール**　ぐっどうぃる博士　「恋に悩む女」から「男を操れる女」に！ネット恋愛相談から編み出された恋愛の極意　657円 A 127-1
- **僕の野球塾**　工藤公康　頂点を極め、自由契約になってなお現役を目指すのはなぜか。親子で読みたい一流の思考　695円 A 128-1
- **開運するためならなんだってします！**　辛酸なめ子　開運料理に開運眉、そして伊勢神宮。運気アップで幸せな人生が目の前に。究極の開運修業記　648円 A 129-1
- **たった三回会うだけでその人の本質がわかる**　植木理恵　脳は初対面の人を2回、見誤る。30の心理術を見破れば、あなたの「人を見る目」は大正解　648円 A 131-1
- **叶えたいことを「叶えている人」の共通点** うまくいく人はいつもシンプル！　佳川奈未　心のままに願いを実現できる！三年以内に本気で夢を叶えたい人だけに読んでほしい本　514円 A 132-1
- **コシノ洋装店ものがたり**　小篠綾子　国際的なファッション・デザイナー、コシノ三姉妹を育てたお母ちゃんの、壮絶な一代記　648円 A 133-1
- **笑顔で生きる** 「容貌障害」と闘った五十年　藤井輝明　「見た目」が理由の差別、人権侵害をなくし、誰もが暮らしやすい社会をめざした活動の記録　571円 A 134-1
- **よくわかる日本神道のすべて**　山蔭基央　歴史と伝統に磨き抜かれ、私たちの生活を支えている神道について、目から鱗が落ちる本　771円 A 135-1
- **1日目から幸運が降りそそぐプリンセスハートレッスン**　恒吉彩矢子　人気セラピストが伝授。幸せの法則を知ったあなたは、今日からハッピープリンセス体質に！　657円 A 137-1

＊印は書き下ろし・オリジナル作品

表示価格はすべて本体価格（税別）です。本体価格は変更することがあります